AF670965

Rudolf W. Fritz

Euro! Wann kracht's?

Wirtschaft und Finanzen
leicht erklärt

FSC
www.fsc.org
MIX
Papier aus verantwortungsvollen Quellen
Paper from responsible sources
FSC® C105338

Bibliografische Information der Deutschen Nationalbibliothek:
Die Deutsche Nationalbibliothek verzeichnet diese Publikation in der Deutschen Nationalbibliografie; detaillierte bibliografische Daten sind im Internet über http://dnb.dnb.de abrufbar.
© 2021 Rudolf W. Fritz
Herstellung und Verlag: BoD – Books on Demand, Norderstedt
ISBN: 978-3-7534-4607-3

Für meine
Frau Regina

Zur Vita des Autors

Rudolf W. Fritz wurde 1938 in Rottenburg /Bayern (Niederbayern) geboren. Aufgewachsen in ländlicher Gegend. Nach dem Abitur absolvierte er ein Fremdsprachenstudium am Sprachen- und Dolmetscherinstitut (SDI) in München mit den Fächern Französisch und Englisch. Später kam noch Spanisch dazu. Dem Fremdsprachenstudium folgte das Studium der Volks- und Betriebswirtschaft sowie der Politikwissenschaft an der Universität München mit Abschluss Diplom. Danach war er viele Jahre in leitenden Funktionen der Wirtschaft / Export sowie als Personalberater mit dem Schwerpunkt der weltweiten Vermittlung von deutschen und ausländischen Führungskräften tätig. Dazu gehörten Reisen rund um den Globus.

Seit 2003 im Ruhestand. 2004: Gründung eines Instituts für Lernhilfe, Bildung und Beruf (ilbb) in Offenbach. Verheiratet, drei Söhne. Sein besonderes Interesse gilt – neben Weinkeller und Brotbacken – der deutschen und französischen Literatur sowie der Geschichte und dem Schreiben.

Inhaltsverzeichnis

Vorwort

Der Wirtschaftsteil einer Zeitung? Trocken, unverständlich, langweilig – finden die LeserInnen. Dabei können Wirtschaft und Geld spannend sein wie ein Krimi oder wie ein packender Film im Kino. Die dramatischen Euro-Rettungsaktionen sind ein Beleg dafür. Diese kleine Abhandlung ist als Einstieg ins Wirtschaftsfach und in die Geldpolitik gedacht. In kurzen Aufsätzen und verständlichen Ausführungen habe ich versucht, die heutige Situation der Finanzwelt und der Ökonomie kritisch darzustellen. Mein Buch erspart umfangreiche Fachliteratur. Es beschränkt sich auf Wesentliches, das dann leichter im Gedächtnis bleibt.

Einige Male habe ich über den deutschen Tellerrand hinausgeblickt und im Nachbarland Frankreich recherchiert, wie dort Wirtschaft und Geld heute gesehen werden. Alleine die in Frankreich schlüssig vertretenen Thesen zum ungebremsten Wirtschaftswachstum waren einen Blick über die Grenze wert.

Das Buch richtet sich allgemein an alle wirtschaftlich Interessierten, an SchülerInnen von Wirtschaftsschulen, an StudentInnen der Volks-und Betriebswirtschaftslehre sowie an alle in der Wirtschaft tätigen Menschen. Sie bekommen Sachinformationen sowie Diskussions- und Argumentationshilfen. Kurz: Ein Buch zum Mitreden.

Rudolf W. Fritz

1. Kapitel

Der Mensch ist das einzige Lebewesen, das Geschäfte unternimmt. Kein Hund tauscht einen Knochen mit einem anderen.

Unbekannt

Tauschhandel oder Geld spielt keine Rolle

Mit dem Tauschhandel fängt die Wirtschaftsgeschichte an. Was immer der Globus und Menschenhände hergaben, wandelte sich im Lauf der Jahrtausende vermehrt zur Ware. Auch wenn heute Geld zu regieren scheint: Der alte Tauschhandel hat sich bis in unsere Zeit erhalten. Es ist die Form des Handels, bei der Waren- oder Dienstleistungen direkt gegen Waren oder andere Dienstleistungen übergeben werden, ohne Verwendung von Geld.

Vor sehr langer Zeit, etwa 5000 bis 7000 Jahre vor der Zeitrechnung, sind die Menschen ohne Geld ausgekommen. Diese Form des Handels war möglich, weil es nur wenige Menschen gab und der Umfang der Produkte überschaubar war. In Ansiedlungen wusste jeder vom anderen, was und wieviel er oder sie herstellte. Man tauschte Schafe gegen Ziegen, Rinder gegen Schweine, Brennholz gegen Fische, Wurfspeere gegen Äxte oder Felle gegen Salz und selten kostbare Gewürze der Weitgereisten. Doch die Menschen vermehrten sich, und – man ahnt es – je mehr Menschen untereinander etwas anboten, umso weniger praktikabel wurde der Tauschhandel.

Der zweite Grund, warum das System des Tauschhandels scheitern musste, lag in der Tatsache, dass es keine Möglichkeit gab, lebensnotwendige Erzeugnisse aufzubewahren. Was sollte also jemand tun, der mit seinen Ziegen zu viel Milch erzeugte? Auch Fleisch zu viel hatte, das er im Moment nicht brauchte. Wer mehr Fische fing als er essen konnte, dem ging es genauso. Wohin mit dem Überschuss? Die Menschen waren in einer Zwangslage. Es musste ein Tauschmedium gefunden werden, das man akzeptierte, es musste handlich und in passender Stückelung zu verwenden sein. So war damit die Idee des Geldes geboren, doch es würde noch lange dauern, bis die Menschen Gold- oder Silbermünzen prägten.

Bis es Münzgeld gab behalfen sich die Menschen mit Muscheln, Fellen und Perlen. Damit konnte man beinahe alle anderen Waren kaufen. Dennoch: Diese Werte waren zwar leicht aufzubewahren, zeigten sich aber mitunter sperrig und – was die Felle und Muscheln anging – nicht so leicht in großen Mengen zu transportieren. Schließlich setzten sich in vielen Ländern die runden Gold- und Silbermünzen durch. Sie waren leicht aufzubewahren, wendig zu transportieren und der eingeprägte Wert schaffte Vertrauen in diese Währung. Folgerichtig war die Akzeptanz für Münzen sehr hoch.

Jedoch: Münzen waren leicht zu fälschen. Geldfälscher gab es zu allen Zeiten. Gold- oder Silbermünzen nachzuahmen war keine schwierige Aufgabe. Die Gauner nahmen statt Gold und Silber billige Eisenlegierungen oder Kupfermaterial und überzogen es mit einer dünnen Schicht Edelmetall.

Der Tauschhandel hat sich bis in die Neuzeit erhalten. Junge Leute entwickeln gerade eine Wiederbelebung von Tauschmärkten – da geht es um hippe Möbel und angesagte Mode.

Staaten verließen nie ihre Tauschgeschäfte: Frankreich, ehemalige Kolonialmacht in Afrika, tauschte mit dem Diktator der Zentralafrikanischen Republik, Bokassa, Waffen gegen Uran. Damit baute Frankreich seine Force de Frappe atomique – atomare Streitkraft. Das deutsch-sowjetische Röhren-Erdgas-Geschäft: Deutschland lieferte die für die Pipelines benötigten Röhren und erhielt im Gegenzug Erdgas. Etwa zwischen 1977 und dem Mauerfall 1989 kam es in der ehemaligen Deutschen Demokratischen Republik (DDR) zu einer Kaffeekrise. Sie wurde bewältigt, indem die DDR Waffen und LKW an Partnerländer lieferte und im Gegenzug Rohkaffee und Energiestoffe erhielt.

Noch einmal zurück zum Tauschhandel im privaten Sektor. In wirtschaftlichen Krisenzeiten verlieren die Menschen schnell das Vertrauen in den Wert des Geldes. In solchen Momenten entsteht der Tauschhandel mit konkreten Güter-Ersatzwährungen. Da gab es im Nachkriegsdeutschland ab 1945 die Zigarettenwährung. Dafür erhielt man Brot, Butter, Kartoffeln oder Kohle. Kaffee war eine Kostbarkeit. Mit Schmuck ließ sich ebenfalls optimal tauschen. Die Städter zogen aufs Land, ließen goldene Uhr oder Silberschmuck bei den Bauern für pralle Rucksäcke, gefüllt mit Mehl, Speck, Brot, Geräuchertem, Eiern.

2. Kapitel

Geld allein macht nicht glücklich.
Es gehören auch noch Aktien,
Gold und Grundstücke dazu.

Danny Kaye (1911 - 1987)

Die Entstehung des Geldes

Im ersten Kapitel sind die ältesten Geldformen, tierische Produkte, mineralische Erzeugnisse sowie Naturalien und Schmuck bereits angesprochen worden. Recherchiert man in Büchern über Wirtschaftsgeschichte, dann bekommt man leider keine Antwort auf die Frage, wer diese frühen Geldformen erfunden hat. Diese Tauschmittel haben sich aus der zivilisatorischen Entwicklung vor etwa 7000 Jahren ergeben. Nun kamen die Menschen zu der Überzeugung, dass Edelmetall für den Warenaustausch am bequemsten war. Man mochte keine großen Metallplatten, sondern portionierte Stücke, wie kleingehackt. Das ist der Beginn der Münzprägung mit dem Vorteil, dass Münzen – je nach Stückelung – stets gleiche Größe und Gewicht, leicht zu transportieren und zu zählen sind. Solche Tauschmittel konnte jeder annehmen.

Die Erfindung des Münzgeldes fand wahrscheinlich an mehreren Orten der Zivilisation vor etwa 700 Jahren v. Chr. statt. Einen Erfinder des Münzgeldes konnte die Forschung in der Wirtschaftsgeschichte allerdings genau lokalisieren und näher beschreiben. Es handelt sich um Krösus – ein griechisches Wort, das so viel bedeutet wie: ein sehr reicher Mann – der vor etwa 2700 Jahren in Lydien lebte und herrschte. Im Reich von König

Krösus, ein Gebiet der heutigen Türkei-Westküste, fand man große Mengen an Gold, die er zu kleinen Münzen prägen ließ. Doch das viele Gold und sein damit verbundener unermesslicher Reichtum machten König Krösus übermütig. Er ließ eine Armee aufstellen, bezahlte die Soldaten mit den Goldstücken und zog gegen Perserkönig Kyros II. zu Felde. Dessen Heer besiegte König Krösus, der nicht nur sein Königreich Lydien sondern auch seinen Goldreichtum verlor. Er soll, wie das in solchen Tragödien üblich ist, bitter enttäuscht und gebrochen gestorben sein.

Immerhin ist die Erfindung der Münze noch heute aktuell und die Bezeichnung „reich wie Krösus" hat sich ebenfalls erhalten. Und wo blieb das Papiergeld? Wer hat es erfunden – und wie Witzbolde scherzen – warum so wenig? Ob es gerechter zuginge, wenn mehr Geld verteilt würde, lässt sich nicht beantworten. Aber die Frage, wann und wo Papiergeld zuerst in Umlauf kam, kann geklärt werden. Bereits im elften Jahrhundert hat man in China während der Song-Dynastie das Papiergeld erfunden, als Ersatz für Münzgeld.

In Europa war es noch lange nicht so weit. Erst im Jahr 1483 startete in Spanien die Ausgabe von Papiergeld, an Stelle von Münzgeld. Im Jahr 1609 begann die Amsterdamer Wechselbank mit der Ausgabe von Banknoten mit Währungsfunktion. Die ersten offiziellen Banknoten wurden Mitte Juli 1661 durch die Bank von Stockholm herausgegeben. Ein Blick nach Frankreich zeigt, dass unter dem Finanzminister John Law (schottische Herkunft) von 1718 – 1720 Papier-Banknoten in großem Stil emittiert wurden. Diese kurze Episode endete jedoch in einem Fiasko. Und wie sah es in Deutschland mit dem Papiergeld aus? Hier wurden sächsische und preußische Staatspapier- und Tresorscheine im 18. Jahrhundert als Banknoten herausgegeben. Im 19. Jahrhundert verbreitete sich die Banknote schließlich zum allgemein anerkannten Zahlungsmittel neben dem Münzgeld.

Der Vollständigkeit halber sei noch das sogenannte Buchgeld erwähnt. Bankkunden zahlen Geld bei der Bank ein und diese verbucht es auf deren Konten. Das ist der Beginn des bargeldlosen Zahlungsverkehrs und Überweisungen wurden damit für jedermann möglich. Dennoch: Buchgeld ist kein gesetzliches Zahlungsmittel und unterliegt folglich keiner Annahmepflicht.

3. Kapitel

Wer der Meinung ist, dass man für Geld alles haben kann, gerät leicht in den Verdacht, dass er für Geld alles zu tun bereit ist.

Benjamin Franklin (1817 - 1888)

Glanz und Elend des Geldes

Mit dieser Überschrift ist der Wert des Geldes angesprochen. Es gilt daher zu untersuchen, wie es mit der Wertigkeit des Geldes steht beziehungsweise welche Rolle das Geld in unserem Leben spielt und auch in der Wirtschaft. Als Kinder pflegten wir wegen chronischen Taschengeldmangels zu sagen: Geld spielt keine Rolle, denn es ist keines vorhanden. Später dann: Geld macht nicht glücklich, aber es beruhigt ungemein – eine positive Wertung.

Anlässlich eines Besuches in einem österreichischen Automobilhandel-Unternehmen hörte der Autor den Chef des Hauses zum Chefbuchhalter sagen: „Und, Buchhalter Reichle, merk‘ dir eins: Wenn du kein Geld hast, bist du ein Depp." „Und wenn du welches hast, kannst du auch ein Depp sein", ist in der Bemerkung des Unternehmers allemal enthalten. In der Literatur gibt es viele Aussagen, welche die Funktion des Geldes als Zahlungsmittel auf ein höheres Niveau gehoben haben als der rustikale Autohändler. So kann man lesen, dass Geld immer nur Mittel zum Zweck sei und als Verständigungsmittel zwischen den Menschen diene.

Dass man mit Geld alles kaufen kann, ist eine Binsenweisheit. Und ebenso selbstverständlich ist, dass man mit Geld weder Gesundheit, Glück, Liebe, Freundschaft oder auch Talent und Geist erwerben könnte, die gefragtesten Güter der Menschen. Die Gier nach materiellen Gütern treibt Menschen an, immer mehr sichtbaren Reichtum anzusammeln. In jedem steckt ein kleiner Krösus. Materieller Reichtum bildet so etwas wie den Außenwall der Persönlichkeit, getreu dem Motto: Hast du was, dann bist du was!

Da werden Statussymbole, wie Häuser, Autos, Marken-Armbanduhren gesammelt, Aktien und Anleihen gekauft. Selbstverständlich wird in Erinnerung an Krösus auch Gold erworben. Ein Reitpferd für den Nachwuchs darf nicht fehlen. Andere müssen sich damit begnügen, mit weniger Geld ihre Existenzbedürfnisse zu befriedigen; also wird es ausgegeben für den Kauf von Nahrung und Kleidung und einen Schulranzen für Sohn und Tochter. In den genannten Fällen ist Geld stets Mittel zum Zweck. Es ist, wie weiter oben dargestellt, das Verständigungsmittel zwischen den Menschen bei ihren geschäftlichen Beziehungen.

In den meisten Fällen beziehen die Menschen ihr Geld auf anständige Weise und verwenden es korrekt bei ihren Ausgaben. Die Glanzseite des Geldes ist immer dann sichtbar, wenn diese geniale Erfindung zur Verständigung der Menschen bei ihren geschäftlichen Transaktionen dient. Doch das Erscheinungsbild von Geld hat auch eine Kehrseite. Geld ist immer zu wenig. Hier ist Knappheit und ungleiche Verteilung. Diese beiden Aspekte verleiten viele Menschen zu illegalen Handlungen, um dieses Defizit zu korrigieren. Sie werden zu Kriminellen, brechen in Häuser und Wohnungen ein, überfallen Leute und rauben sie aus, begehen Mord und Totschlag, um an Geld oder Erbe heranzukommen, stehlen alles was sich zu Geld verwerten lässt. Der Einwand, es gab zu allen Zeiten Arme und Reiche – in der Regel stets wesentlich mehr Arme als Reiche – muss nicht auf ewig gelten, mit anderen Worten: Das muss nicht immer so bleiben.

Die beste Prophylaxe, um die Kriminalität zu senken, läge in einer gerechteren Verteilung des Geldes. Auch wenn es der volkswirtschaftlichen Verteilungstheorie des Geldes egal ist, wem

Einkommen gehört, sollte das noch lange kein Grund sein, diesen Zustand nicht zu ändern. Ja, man kann der Kriminalität vorbeugen. Man kann jedoch auch philosophisch Volkseinkommen gerechter verteilen.

Ein erster Schritt in diese Richtung wird derzeit unter dem Begriff „Bedingungsloses Grundeinkommen" diskutiert. Die Befürworter schlagen ein Grundeinkommen im Monat von etwa 1000 Euro vor. Wer über mehr Geld verfügen will, müsste dazu arbeiten, um höheren Ansprüchen zu genügen. Gegner des bedingungsglosen Grundeinkommens führen ins Feld, dass dann viele den Anreiz zu arbeiten verlieren würden. Ein fadenscheiniges Argument, das durch empirische Versuche leicht zu entkräften wäre. Zwangsläufig wäre das mit der Abschaffung einer größeren Beamten-Gemeinde und öffentlicher Angestellten verbunden. Eine gigantische Kosteneinsparung. Würde man dann noch abziehen, was die Bekämpfung der Kriminalität und Gefängnisunterbringung ausmacht, bliebe womöglich Überschuss übrig.

Es ist kurzsichtig, nicht an eine gerechtere Verteilung des Einkommens zu denken. Vorsichtige Versuche sollten einmal unternommen werden, auch unter dem Aspekt, eine friedlichere Gesellschaftsordnung zu erreichen. Die geniale Erfindung Geld würde den Elendsaspekt verlieren und als neutrales Verständigungsmittel zwischen den Menschen dienen.

4. Kapitel

Wer gut wirtschaften will, sollte nur die Hälfte seiner Einnahmen ausgeben, wenn er reich werden will, sogar nur ein Drittel.

Francis Bacon (1561 – 1626)

Was heißt Wirtschaften?

Eine kurze grundsätzliche Bemerkung vorweg: Beschäftigt man sich mit wirtschaftlichen Sachverhalten, ist es sinnvoll und hilfreich zugleich, diese zu definieren. Je klarer die Erklärung, umso stärker ihre Aussagekraft. Wirtschaften ist diejenige Tätigkeit menschlichen Handelns, die darin besteht, planmäßige und effiziente Entscheidungen über knappe Ressourcen für eine bestmögliche Bedürfnisbefriedigung zu treffen. Zwei Bestimmungen sind notwendig, um die Definition des Wirtschaftens besser zu verstehen: Ressourcen und Bedürfnisse.

Interaktiver Waren- und Geldhandel ist zunächst eng verbunden mit den Bedürfnissen der Menschen. In seiner „Einführung in die Volkswirtschaftslehre, Mikroökonomie und Wettbewerbspolitik" vertritt Lothar Wildmann die Meinung, Wirtschaften sei der „Ausdruck des unbedingten Lebensbedürfnisses und des Lebenswillens." Stärker kann man den Begriff kaum erläutern.

Die Menschen haben zahlreiche Wünsche, nach Nahrung, Kleidung, Luft, Ruhe, Wärme, Wasser, Unabhängigkeit, Freiheit, Bewegung, Gestaltung, Ackerbau, Viehzucht, Schreiben von Gedichten. Die menschlichen Bedürfnisse sind ungezählt. Folgerichtig geht die Wirtschaftswissenschaft davon aus, dass diese Begehrlichkeiten unendlich, aber die zur Bedürfnisbefriedigung zur Verfügung stehenden Mittel begrenzt sind. In Lehrbüchern wird diese These oft zum Axiom erhoben, zu einem Grundsatz, der ohne Beweis einleuchtet. Kein Grund, sich damit nicht kritisch auseinanderzusetzen.

In diesem Zusammenhang wird häufig der Vergleich mit dem Schlaraffenland bemüht. Da es dort keine Knappheit von Mitteln zur Bedürfnisbefriedigung gibt, stellt sich das Problem des wirtschaftlichen Haushaltens nicht. In der wirtschaftlichen Realität ist es jedoch zweifelsfrei so, dass die Mittel zur Bedürfnisbefriedigung von Knappheit geprägt sind. Der Mensch muss daher sparsam haushalten, um die bestmögliche materielle Ausstattung zu erreichen.

Diese Vorgehensweise bezeichnet man als das ökonomische Prinzip. Zur Definition des Ausdrucks Ressourcen ist anzumerken, dass es sich um ein aus dem Französischen entlehntes Wort handelt, welches mit Hilfsquellen, auch Geldmittel, übersetzt wird. Ganz allgemein sind Ressourcen im wirtschaftlichen Sinn alle Mittel, die der Bedürfnisbefriedigung dienen. Ihr hervorstechendstes Merkmal ist die Knappheit, die – wie bereits erwähnt – zum Wirtschaften und / oder zum Haushalten zwingt.

Die Definition Wirtschaft schließlich ist eng verbunden mit den Begriffen Wirtschaftsformen und Wirtschaftssysteme. Zwei Begriffe, die zum unerlässlichen Rüstzeug gehören, wenn es um wirtschaftliche Sachverhalte geht. Dient das Wirtschaften der Selbstversorgung mit Gütern, dann spricht man von Bedarfs- oder Subsistenzwirtschaft. Subsistenz = Lebensunterhalt.

Wirtschaftsformen, die überwiegend dem Warenaustausch dienen, nennt man Erwerbswirtschaften, deren Entwicklung zu den heutigen Wirtschaftssystemen führte. Eine bestimmte Wirtschaftsordnung ist eng verbunden mit möglichen Wirtschaftssystemen. Zur Verdeutlichung: Als Wirtschaftsordnung bezeichnet man die politische und rechtliche Form, die den gesamten Rahmen für die wirtschaftlichen Tätigkeiten innerhalb einer Gesamtwirtschaft bestimmt.

Marktwirtschaft und Planwirtschaft – auch Zentralwirtschaft genannt – sind die zwei wesentlichen Formen von Wirtschaftssystemen. Die freie Marktwirtschaft basiert auf dem klassischen Liberalismus beziehungsweise Wirtschaftsliberalismus. Der Staat ist in diesem System nur wenig aktiv, das heißt die Staatsquote ist gering. Im Wirtschaftssystem der Planwirtschaft bestimmt der Staat weitgehend die Funktionsweise der Wirtschaftsordnung. In den westlichen Demokratien dominiert überwiegend das System der freien Marktwirtschaft. In einer Zentralverwaltungswirtschaft ist der Einfluss des Staates, die sogenannte Staatsquote, extrem hoch.

Ergänzend zu obigen Definitionen darf noch hinzugefügt werden, dass die Wirtschaftswissenschaften sich mit wissenschaftlichen Untersuchungen der Wirtschaft beschäftigen. Generell werden hier die Volkswirtschaftslehre – früher Nationalökonomie genannt – und die Betriebswirtschaftslehre unterschieden. Die Volkswirtschaftslehre, auch Makroökonomie genannt (griechisch: makro bedeutet als Vorsilbe groß), beschäftigt sich mit der Untersuchung gesamtwirtschaftlicher Fragestellungen wie Preisstabilität, Inflation oder Deflation, Außenwirtschaft, Arbeitslosigkeit und anderem. Die Betriebswirtschaftslehre, auch Mikroökonomie genannt (griechisch: mikro bedeutet klein) beschäftigt sich mit Fragestellungen, die einzelne Unternehmen betreffen, wie Produktpalette, Produktion, Preisgestaltung, Wettbewerbssituation, Rechnungswesen, Bilanzierung, Finanzierung.

Wirtschaftliche Zusammenhänge sind gar nicht so schwierig zu verstehen; wenn bei der Analyse von Sachverhalten eine einfache Sprache geführt wird. Besondere Störfaktoren sind Anglizismen und Euphemismen in der Wirtschaftssprache und auch in der Politik. Im nächsten Kapitel werden diese Störfaktoren genauer untersucht.

5. Kapitel

Die deutsche Sprache sollte sanft und ehrfurchtsvoll zu den toten Sprachen abgelegt werden, denn nur die Toten haben die Zeit, diese Sprache zu lernen.

Mark Twain (1835 - 1910)

Schluss mit verharmlosenden Anglizismen und Euphemismen in Wirtschaftssprache und Politik!

Es mag ja sein, dass der amerikanische Schriftsteller Mark Twain so seine Probleme mit der deutschen Sprache hatte, aber das ist noch lange kein Grund, dass die Hiesigen sie nicht benutzen und stattdessen mit undurchsichtigen Fremdwörtern herumwerfen. Um wirtschaftliche oder politische Sachverhalte darzustellen, bedarf es einer verständlichen Kommunikation. Ohne Klarheit in der Sprache sind ökonomische Aussagen nicht vermittelbar. Die Volks- und Betriebswirtschaft lebt von deutlichen Begriffen und ermöglicht damit sinnvolle Analysen. Die heutige Wirtschafts- und Finanzsprache liebt Anglizismen und verharmlosende Euphemismen.

Da ist die Rede von *outsourcing*, wenn es schlicht um die Entlassung von Arbeitskräften geht. Ist das *outsourcing* erfolgreich verlaufen – meistens auf Kosten der SteuerzahlerInnen – dann liegt ein *downsizing* vor, also die Gesundschrumpfung eines Unternehmens. Sind Wertpapiere nichts oder kaum noch etwas wert, sprechen Banker von toxischen Papieren und erwähnen dabei nicht, wodurch diese „vergiftet" wurden. In Angleichung an die Industrie und in maßloser Selbstüberschätzung bezeichnen sich Banken heute gerne als *financial industry* und bieten dann ihren KundInnen *structured products* an, was nichts anderes ist als ein Sammelsurium von zwar verbrieften, aber undurchschaubaren Wertpapieren.

Auf äußerst mysteriöse Art und Weise wird eine in Schieflage geratene Bank ab einer gewissen Größenordnung zu einer *systemischen Bank.* Ist eine Bank erst einmal systemisch, dann kann ihr nichts mehr passieren, denn sie ist *too big to fail* und kann deswegen nicht mehr kaputt gehen. Die *toxischen* Wertpapiere – „Wert" kann man streichen – der *systemischen Bank* werden, wahrscheinlich wegen Vergiftungsgefahr, in eine *bad bank* ausgelagert und dort sorgfältig versteckt, weil sie nicht mehr *performen* können. In diesem toxischen Wertpapierbestand können sich auch *bonds* befinden, die der Bank-Azubi noch als Anleihen oder Schuldverschreibungen kennen gelernt hat.

Diese Anglizismen – aus dem Englischen übernommene Spracheigentümlichkeiten – sind semantische (Lehre von der Bedeutung der Wörter) Infantilismen (gemeint ist damit Stehenbleiben auf kindlicher Entwicklungsstufe) und verschleiern negative Tatbestände. Ähnlich ist es mit Euphemismen. Hier handelt es sich um Beschönigungen, um die schmeichelnde Verhüllung von etwas Unangenehmem.

Ein Lehrer an einem Wirtschaftsgymnasium brachte eines Tages seinen SchülerInnen diesen Text mit und die Bitte um Übersetzung ins Deutsche und anschließende Interpretation:

Bankenkauderwelsch

(Eine echte Story)

„Es gibt eine systemische Bank namens Hypo Real Estate (HRE), ein sogenannter Staatsfinanzierer, mit location in München. Diese Bank hat sich, unter der Leitung von global playern und Glücksspielern derart gierig und erfolgreich verzockt, weil sie als Unternehmen der financial industry mit structured products handelte, die nach einer Weile zu toxischen Papieren herabgestuft wurden, weil sie einfach nichts mehr wert waren.

Zur Strafe landeten diese bonds, weil sie so schlecht performed hatten, in einer bad bank. Da die HRE vorher schon systemisch geworden war, wurde sie automatisch too big to fail und erheischte Staatshilfen von weit über 100 Milliarden Euro. Danach wurde die HRE noch einmal bestraft, indem sie verstaatlicht wurde, und das gleich richtig: Nämlich zu 100 Prozent. Bis zum heutigen Tag gilt die HRE als Vorzeige-Pleite-Unternehmen par excellence."

Als beste Übersetzung ins Deutsche erhielt ein Schüler die Note „Vier" und freute sich darüber so sehr, dass er – nach der Melodie „Leise rieselt der Schnee"... seinen Text sang: Leise rieselt die Vier / auf das Zeugnispapier.

Die Liste verharmlosender Euphemismen ließe sich mühelos fortsetzen, deswegen nur noch kurz die irreführenden und unanständigen Abkürzungen zur ständigen Rettung der europäischen Gemeinschaftswährung. Da wird von leichtfertigen PolitikerInnen stets von Euro-Rettungsschirmen gesprochen. Mal heißt ein Rettungsschirm ESM, mal nennt er sich ESFM, dann wieder EFSF, und die nächste Abkürzung ist bestimmt schon in Vorbereitung. Vielleicht sind diese RepräsententantInnen doch nicht so unbedarft wie es manchmal den Anschein hat: Ihrem Wahlvolk zu erklären, dass die europäische Euro-Währung einen Rettungsschirm nach dem anderen braucht um zu überleben, kann nur etwas Gutes sein.

- Ist es ein Regenschirm, schützt er vor Nässe.
- Ist es ein Sonnenschirm, schützt er vor zu starker Sonneneinstrahlung.
- Ist es ein Fallschirm, dient er zum Gleiten und zur sicheren Bodenlandung.
- Ist es ein Lampenschirm, dient er zur gewünschten Lichtverbreitung.

Allen diesen Schirmen ist eines gemeinsam: Sie haben eine Schutzfunktion. Und nicht primär eine Rettungsfunktion. Nicht so beim Euro. Länder mit hohen Staatsschulden – jetzt heißen sie nicht mehr Schuldnerländer, pfui, sondern Reformländer, was zugegebenermaßen sehr positiv klingt wie Irland, Portugal und Griechenland, weitere werden dazukommen – schlüpfen einfach unter einen der genannten Finanz-Schirme und sind dann sofort gerettet. Und mit ihnen auch gleich der Euro.

So wird den Menschen die Rettung der Währung erklärt: Ein europäischer Stabilitätsmechanismus (ESM) sorgt dafür, dass Länder, die kein Geld mehr haben, diesen Stabilitätsmechanismus in Gang setzen und schon sprudeln viele Milliarden Euro in ihre Staatskassen. Doch wie im Schlaraffenland?

Schluss mit diesen unsinnigen und volksverdummenden Metaphern. Der europäische Stabilitätsmechanismus ist nichts weiter als ein europäischer Schuldenvergrößerungsmechanismus, oder anders ausgedrückt, ein ständig wachsender Schuldenturm, der unweigerlich zu Inflation und Staatsbankrott führen muss. Es ist nicht nur den heutigen SteuerzahlerInnen nicht zumutbar, diesen gigantischen Schuldenberg zu schultern, sondern insbesondere zukünftigen Generationen.

Das Schuldenmachen ist derzeit dermaßen attraktiv und populär, dass auch die Europäische Zentralbank (EZB) unbedingt dabei sein will. So hat ihr vergangener Präsident mit nicht zu überbietender Leichtfertigkeit binnen eines Jahres dem maroden Bankensektor eine Billion Euro (1.000.000.000.000 Euro) zum lächerlichen Zinssatz von 0,75 Prozent zur Verfügung gestellt. Das liegt wenige Jahre zurück. Mittlerweile treibt es die EZB noch dreister und kauft monatlich für mindestens 60 Milliarden Euro Anleihen von Schuldnerländern – Pardon: Reformländern. Der Bankensektor kann sich mit 0,00 Prozent Zinsen bei der EZB refinanzieren.

Und wie bewerten und beschreiben das die JournalistInnen? Sie bedienen sich gern des Bildes der Pumpe: Die EZB pumpt frisches Geld in die Wirtschaft. Gibt es, im Gegensatz zu frischem Geld, auch saures Geld? Ja, das gibt es bei der EZB mittlerweile in Billionenhöhe! Die BerichterstatterInnen jedenfalls verharmlosen mit ihrer Pumpe die Wirklichkeit und führen die Bevölkerung an der Nase herum. Worum geht es? Die Geldmenge wird künstlich vermehrt und die gesamte Schuldenlast erhöht sich in der Summe noch. Dass dabei die Sparer durch Niedrigzinsen beziehungsweise Nullzinsen enteignet werden, ist der EZB egal. Ein Appell geht also an die Politik, an die Wirtschaft und an die Medien, sich einer anständigen und griffigen Sprache zu bedienen, um wirtschaftliche und politische Sachverhalte wahrheitsgemäß darzustellen. Daher Schluss mit überflüssigen Anglizismen und verharmlosenden Euphemismen! Zurück zu Wahrheit und Moral! Schluss mit verbalem und geschriebenem Geschwurbel!

In seinem Buch „Anständig wirtschaften – Warum Ökonomie Moral braucht" hat der Theologe und Autor Hans Küng beschrieben, was anständig sei in der Wirtschaft. Er vertritt die Meinung, dass Moral und Anstand Eckpfeiler der Wirtschaft sein müssten und die Ökonomie sich einer sauberen, anständigen Sprache bedienen müsste.

6. Kapitel

Demokratie, das ist die Kunst, sich an die Stelle des Volkes zu setzen und ihm feierlich in seinem Namen, aber zum Vorteil einiger guter Hirten, die Wolle abzuscheren.

Romain Rolland, Nobelpreisträger (1866 - 1944)

Echte Demokratie verlangt: Moral – Politik – Wirtschaft

In einer funktionierenden Demokratie kommt an erster Stelle die Moral, dann die Politik und an dritter Stelle die Wirtschaft. In den demokratischen Staaten der Europäischen Union (EU) ist diese Reihenfolge zurzeit signifikant gestört. Die politische, wirtschaftliche und soziale Situation in den meisten Mitgliedsstaaten ist desolat.

Woher kommt diese Störung? Die PolitikerInnen sagen: Unsere Politik-Ziele heiligen die Mittel. Die Wirtschaft behauptet, dass der Profit nicht nur die Mittel, sondern auch die unersättliche Gier heilige. Innerhalb der Wirtschaft vertritt der Bankensektor die Meinung, Kapital sei das Wichtigste auf Erden und rechtfertige vor allem hohe Boni, zu wessen Lasten auch immer. Die Moral, denken PolitikerInnen und ManagerInnen, störe die politischen und wirtschaftlichen Abläufe und passe daher nicht ins Glaubensbekenntnis der Demokratie. Ebenso störend wie Moral ist auch Ethik, die doch zur Erkenntnis des Rechten und

Richtigen führen soll. Wo man auch hinblickt, nichts als Störfaktoren.

Der Kommunismus hat sich überlebt – auch wenn Karl Marx aktuell bei den Jungen wieder sehr beliebt ist. Sozialismus – wie man ihn im Osten erleben konnte – hat zur Lebensgrundlage einer Gesellschaft nicht getaugt. Und Kapitalismus ist gerade dabei, sich selbst zu ruinieren und abzuschaffen.

Wie steht es mit der Moral der Regierenden? Voraussetzung für ethisches Handeln, gleichgültig ob in der Politik oder in der Wirtschaft, ist das Gewissen. Und da sieht es schlecht aus, folgt man Albert Camus, der bereits 1954 diese Ansicht vertrat: „Die Regierungen haben per Definition kein Gewissen – Les gouvernements, par définition, n'ont pas de conscience".

Auf welcher Grundlage etwa sollen prinzipienwendige PolitikerInnen zum Beispiel der Wirtschaft einen Handlungsrahmen geben, in dem sich Konzerne und Verwaltungen nach den Grundsätzen der Ethik bewegen können?

Die Empirie lehrt, dass es demokratische Regierungen nicht schaffen, der nachgeordneten Wirtschaft klare Richtlinien zu ziehen. Und so schießt das Gewinnstreben der Wirtschafter ins Unbegrenzte. Die Regierenden trauen sich nicht, den in der Wirtschaft Verantwortlichen die Wahrheit zu sagen und rigide Spielregeln vorzugeben, welche für die Einhaltung der oben genannten Reihenfolge sorgen würden. Was nützt es den BürgerInnen in einer Demokratie, dass alle Macht vom Volke ausgeht? Diese Frage hat Bertold Brecht so gestellt: „Alle Macht geht vom Volke aus, aber wo geht sie hin?"

Eine Frage, die leicht zu beantworten ist. Sind Gewählte erst einmal an der Macht, dann verbringen sie die meiste Zeit damit, diese möglichst lange zu erhalten: ohne Rücksicht auf die Bedürfnisse der Menschen. Der Trieb der Machterhaltung macht PolitikerInnen gewissenlos. Macht korrumpiert, auch demokratische Macht besticht die Parteien. Spätestens dann wünscht man sich PolitikerInnen dorthin, wo Loriot sie gerne gesehen hätte: „Der beste Platz für Politiker ist das Wahlplakat. Dort ist er tragbar, geräuschlos und leicht zu entfernen."

Während VolksvertreterInnnen sich also zeitaufwendig um Macht kümmern, bleibt keine Zeit für Sachthemen und sinnvolle Ziele. Ergebnis: Man redet viel und bewegt wenig, setzt übereilt und unreflektiert Strukturreformen in Gang oder versucht, die WählerInnen hinzuhalten. Wenn Regierende weiterhin nicht in der Lage und willens sind, für Moral und Anstand in Politik und Wirtschaft zu sorgen, dann verfügen westliche Demokratien über keine stupende Zukunftsfähigkeit.

Es ist ein Jammer mit anzusehen, wie agile und gewissenlose Wirtschaftsführer PolitikerInnen vor sich her treiben. Ein markantes Beispiel: Eine Kurzanalyse der Bankenkrise 2008 zeigt, wie schamlos und unanständig Geldinstitute sich im hiesigen System bewegen. In seinem Buch „Die Krise und danach" – „La crise et après" hat Jacques Attali, französischer Wirtschaftsexperte, Schriftsteller und Regierungsberater, das Verhalten der Banken so zusammengefasst:

„Die Bankenkrise bietet die Gelegenheit zu begreifen, wie eine kleine Gruppe von Menschen, ohne Reichtümer (mit ihrer Hände Arbeit! – Anm.) zu produzieren, sich völlig legal und von niemandem kontrolliert einen wesentlichen Teil der produzierten Werte an sich reißen konnte. Nachdem die gleiche Gruppe von Leuten alles zusammengerafft hat, lässt sie sich ihre immensen Profite, Prämien und Boni bezahlen von Arbeitern, Steuerzahlern, Unternehmen und Sparern auf der ganzen Welt. Dann zwingen sie die Staaten, innerhalb weniger Wochen, in ihre leeren Kassen tausendfach Summen einzuzahlen, welche die Regierenden täglich und hartnäckig sich weigern, den Ärmsten der entwickelten Länder und den Hungernden in der restlichen Welt zur Verfügung zu stellen." Diese Vorgehensweise der Banken ist legal, vordergründig gewaltlos, anerkannt. Die Empörung der Menschen darüber ist jedoch außergewöhnlich groß. Wenn das alles legal ist, dann hat ein System, welches solche Verirrungen zulässt, keine Grundlage mehr.

Wenn die Gewinne der Banken privatisiert, die immensen Schulden aber sozialisiert werden, wird das zu einem Aufstand der Millionen unverschuldet Geschröpften führen. Die Demokratie ist folgerichtig in Gefahr. Wenn eine Bank glaubt, sie sei so groß, dass sie nicht untergehen könne, weil die Steuerzahler schon für die Schulden aufkämen, dann bewegt sie sich nicht mehr in der sozialen Marktwirtschaft, sondern frönt dem Menschenfresser-Kapitalismus.

Ist eine Bank, die als Aktiengesellschaft geführt wird, zahlungsunfähig, dann gäbe es nur diesen einen Weg: Als erstes würden die Aktionäre zur Kasse gebeten. Dann alle diejenigen, gegen welche die Bank noch Forderungen hat.

Schließlich würde die Bank auf dem Konkursweg abgewickelt. Und was machen die Regierungen? In Verblendung und aus Angst, das Finanzsystem könne zusammenbrechen, erhalten Pleitebanken frisches Geld (freilich von SteuerzahlerInnen) und können sich (schein)-bereichern – bis zum nächsten Krach. Wer so falsch entscheidet, muss zur Haftung herangezogen werden. Das ist Ausbeutung der SteuerzahlerInnen und mit Demokratie nicht vereinbar. Quo vadis Europa? Quo vadis, Demokratie?

7. Kapitel

Nichts ist widerwärtiger als die Majorität; denn sie besteht aus wenigen kräftigen Vorgängern, aus Schelmen, die sich abkommandieren, aus Schwachen, die sich assimilieren, und der Masse, die nachrollt, ohne nur im mindesten zu wissen, was sie will.

Johann Wolfgang von Goethe (1749 - 1832)

Hat die Demokratie in Zeiten latent vorhandener Finanzkrisen noch eine Zukunft?

Ohne Definition des Begriffs Demokratie lässt sich die Frage nicht beantworten. Drei Staatsformen sind bekannt: Monarchie, Oligarchie und Demokratie. Innerhalb einer Monarchie herrscht eine Person, in einer Oligarchie regieren mehrere (meist Clans) und in der Demokratie alle; das Volk ist der Souverän.

Der politische Philosoph Eric Voegelin nennt drei Definitionen (Zitat „Hitler und die Deutschen"). Die erste übernimmt er vom amerikanischen Philosophen George Santayana: „Die Demokratie ist der unrealisierbare Traum einer Gesellschaft von patrizischen Plebejern. Wenn die Menschen alle Patrizier wären, dann könnte eine Demokratie funktionieren. Da aber die Majorität aus Plebejern besteht, bestehen die größten Bedenken gegen die

Funktionsmöglichkeit einer Demokratie." Das zielt auf den rundum schlechten Charakter der Menschen ab.

Zur zweiten Erklärung beruft sich Eric Voegelin auf Winston Churchill, der die Demokratie einmal definiert hat als „die schlechteste Staatsform mit Ausnahme aller anderen: Indeed it has been said that democracy is the worst form of government except of all those other forms that have been tried from time to time." Auch Churchill befasst sich hier mit der Unzulänglichkeit der Menschen. Er bejaht jedoch die Demokratie, denn alle anderen Staatsformen seien übler.

Bei seiner dritten Definition lehnt sich Eric Voegelin an den amerikanischen Humoristen Mark Twain an, der sagt, die Demokratie beruhe auf drei Faktoren: „Die Freiheit der Rede, die Freiheit des Gewissens und der Klugheit, weder von der einen noch von der andern Gebrauch zu machen." Mark Twain will damit andeuten, dass in einer Demokratie Prinzipien nicht mit Gewalt durchzusetzen seien, sondern mit Kompromissen.

Eric Voegelin fasst die Definition Mark Twains auf Deutschland bezogen so zusammen: „Nun, mit Freiheit der Rede und Freiheit des Gewissens sind wir in dieser Republik ausgezeichnet ausgestattet, aber mit dem dritten Faktor, den Mark Twain hervorgehoben hat, mit der Weisheit oder Klugheit, von diesen Rechten nicht bedingungslosen Gebrauch zu machen, hapert es noch sehr bedenklich. Und solange es noch an diesem dritten Faktor hapert, ist eine Demokratie nicht funktionsfähig."

Viele verstehen unter Demokratie die Teilhabe am ständigen Wirtschaftswachstum und damit am wachsenden materiellen Wohlstand. Nehme das Wirtschaftswachstum im Konjunkturverlauf ab, und damit auch der Reichtum der BürgerInnen, dann müssten sich die Chancen auf ein Überleben der Demokratie verschlechtern. Gegen diese Wohlstandsbindung sprechen mehrere Argumente. BewohnerInnen einer Demokratie dürfen sich in Planungen ihrer Umgebung, Verwaltungsvorgänge und personelle Entscheidungen einmischen. Des weiteren erreicht Demokratie Topform, wenn die BürgerInnen nicht direkt wählen oder entscheiden und trotzdem ihre Interessen vertreten wissen.

„Und um die von Platon über Aristoteles bis John Stuart Mill befürchteten demokratischen Auswüchse, eine ungebremste Machtausübung nur der Armen und Unwissenden, zu verhindern, trägt ein demokratischer Sozialstaat dafür Sorge, dass möglichst alle Bürger die empirischen Voraussetzungen von Demokratiemündigkeit erreichen." (Zitat Philosphie-Professor Otfried Höffe). So entscheidend gestaltet sich in der verantwortungsvollen Gemeinschaft die Bildung.

Was kann Demokratie gefährden? Das Primat von „Einigkeit und Recht und Wohlstand" statt „Einigkeit und Recht und Freiheit?" Die Unzufriedenheit der Mehrheit der Bevölkerung mit dem Kapitalismus? Der Imperialismus der Politik? Oder Finanzkrisen? Das alles gehört zusammen. Die empirischen Erfahrungen zeigen, dass eine Demokratie nicht über Nacht verschwindet, sondern allmählich bröckelt. Wachsend bricht die Balance zwischen Gesetzgebung, Verwaltung, Justiz zusammen. Das Gleichgewicht – genannt Gewaltenteilung – dieser drei jedoch ist die Basis von friedlichem und gerechtem Zusammenleben einer Gesellschaft.

Beispiele mögen das verdeutlichen. Dass die Euro-Rettung ungesetzlich ist, bestreitet – außer PolitikerInnen – niemand. Die europäischen Verträge verbieten den währungsbezogenen Geldfluss unter den Mitgliedsstaaten. Bis in die höchsten Gerichte allerdings wird die finanzielle Unterstützung sanktioniert. Gunnar Beck, Professor für Europarecht an der University of London: „Der Rechtsstaat ist eine Schönwetterveranstaltung geworden", und der Professor fährt fort „Seit der Finanzkrise, aber auch schon davor, hätten die verantwortlichen Politiker, Währungshüter und Richter, allen voran das Bundesverfassungsgericht, geltendes Recht so ausgelegt, dass es zu einer Fortsetzung der Politik mit anderen Mitteln gekommen sei." Jeden Rechtsbruch der Regierung im Zuge der Euro-Rettung und zur Bewältigung der Finanzkrise sanktioniert das Bundesverfassungsgericht mit windelweichen Argumenten.

Besonders deutlich wird das bei der ständigen Überschreitung der sogenannten Defizitregeln innerhalb der Europäischen Union: Maximal drei Prozent der Wirtschaftsleistung pro Jahr und 60 Prozent aus den für die Währungsunion geltenden Maastricht-Verträgen von 1992 – das ist die haushalterische Vorgabe an die Nationen. Seit Einführung des Euro 2001 haben Griechenland, Belgien und Österreich diese Kriterien immer verletzt, Deutschland fast immer und Frankreich immerhin in zehn von 13

Jahren. Gunnar Beck: „In der Euro-Zone ist der Gesetzesbruch zu einer schlechten Angewohnheit geworden, eine Art wilder Westen für Regierungen und Institutionen."

Ein weiteres übles Beispiel ist die Verlagerung von Regierungsmaßnahmen (Euro-Rettung) an die Europäische Zentralbank, die systematisch zu einer Haftungsinstitution aufgebaut wird. Die Regierenden missbrauchen die EZB ohne Skrupel und den Bankern gefällt dieser Machtzuwachs. Aufgabe der EZB ist jedoch nicht, zu regieren. Philosophie-Professor Otfried Höffe findet weitere Gefährdungen: Er bezeichnet es als „Imperialismus der Politik, wenn die Mächtigen sich ausbreitend in private Lebensbereiche einmischen, ihren Einfluss verdichten, und nicht einmal die Besetzung von Spitzenämtern ihnen genügen. Glücklicherweise gibt es eine kräftige Gegenbewegung, die Bürgergesellschaft. Die Bürgergesellschaft, getragen von IndividualistInnen und engagierten StaatsbürgerInnen, wendet sich gegen einen Staat, der dessen BewohnerInnen zu gängeln neigt, Machtbefugnisse überschreitet und seine Legitimation überfordert."

Wie ist die Allmacht des Staates zu brechen, wie können wieder alle an der Demokratie teilhaben? Manche sehen die Antwort in einer Stärkung der direkten Demokratie, andere meinen das Gleiche, wenn sie von einer „gelebten Demokratie" sprechen.

Was passiert, wenn BürgerInnen Mitspracherechte fordern oder sich der Regierungspolitik widersetzen hier in Beispielen: Bei der Einführung des Euro – davon war schon in einem früheren Kapitel die Rede – hätte das Volk auch gerne darüber abgestimmt. Da der damalige Kanzler Helmut Kohl wusste, dass eine Majorität den künstlichen Euro ablehnen würde, stellte er sein währungspolitisches Vorhaben gar nicht erst zur Wahl.

Der Fluglärm in der Region Rhein-Main: Alle Proteste – in den Siebzigern gegen die Startbahn West – jetzt gegen die weitere Nord-West-Bahn und den Bau von Terminal 3 – scheinen vergeblich. Nicht genug: Das Bundesverwaltungsgericht in Leipzig hat festgelegt, dass sechs Stunden Nachtruhe von 23 bis fünf Uhr für den gesunden Schlaf zumindest der BewohnerInnen in Rhein-Main ausreichen müssen. Ferner erlaubte das Gericht noch 17 Sondergenehmigungen für Flüge nach 23 Uhr. Diese

Genehmigungen weitet Flughafenbetreiber Fraport aus, wie es passt.

Beispiel drei: Der Neubau des Stuttgarter Hauptbahnhofs (Stuttgart 21). Ein überflüssiges Großprojekt, betoniert auf gefährlichem Untergrund (weil die salzhaltige Erde in dieser Region beim Zusammentreffen mit Luft und Wasser zu quellen beliebt). Dazu zeigt die Kosten-Nutzen-Rechnung ein katastrophales Ergebnis. Im Jahr 1995 schrieb man von 2,6 Milliarden Euro Kosten; 2019 rechnet man mit 8,2 Milliarden Euro (SWR). Auch hier haben die StuttgarterInnen vehement ein Mitspracherecht gefordert und ihren Protest bei unzähligen Demonstrationen bekundet. Sie wurden von der Staatsmacht abgeschmettert.

Weiter: Verkürzung der Gymnasialzeit von neun auf acht Jahre in Hessen. Die Hessische Landesregierung verminderte die Schulzeit, ohne Lerninhalte auszumisten und zu straffen. Es hagelte Proteste von Schulen, Eltern, Schülern. Die Regierung setzte sich arrogant über die Meinung tausender Familien hinweg. Stand heute: Nachdem das Thema dem Staatlichen Schulamt über den Kopf gewachsen war, überließ man es plötzlich den Schulen, ob sie sich für acht oder neun Jahre entscheiden würden. Demokratie?

Kein Wunder, dass das Vertrauen der BürgerInnen in die Nachkriegsregierungsform schrumpft, was nicht gegen die Demokratiebereitschaft spricht, sondern gegen eine abgehobene Politikerkaste. Ist es eher der Zustand der Bundesrepublik Deutschland im Hinblick auf die Finanz- und Wirtschaftskrisen? Da die generelle Behauptung zutrifft, „Macht korrumpiert und demokratische Macht korrumpiert die Parteien", ist mit einem Zuwachs an direkter bürgernaher Demokratie nicht zu rechnen. Gerichte, insbesondere das Bundesverfassungsgericht, bestätigen laufende Gesetzesbrüche der Regierung und finden dabei abenteuerliche und unpassende Rechtfertigungsgründe. So wird Rechtsprechung zur Politik und der Rechtsstaat ist ausgehebelt. Die Schuldenpolitik der Regierung mit gigantischen Summen wird sich zukünftig zwangsweise zu astronomisch hoher Inflation auswachsen, bei der alle ihre Vermögen und Ersparnisse verlieren und die Regierung mit einem Schlag die Schulden loswird. Gesellt sich zur Inflation noch hohe Arbeitslosigkeit, dann hat niemand mehr Verständnis für diese Art Demokratie.

Bilanz: Unter den herrschenden Umständen ist mittel- bis langfristig davon auszugehen, dass die demokratischen Regime der EU so nicht überleben. Skrupellose PolitikerInnen können viel verspielen, sogar eine Demokratie – ohne dafür zu haften.

8. Kapitel

Die schwarzen Löcher im Universum sind wie europäische Wirtschaftspolitik: Alles verschwindet darin, und nichts kommt heraus.

Wolfgang J. Reus
Journalist, Satiriker, Aphoristiker, Lyriker (1959 - 2006)

Staat und Volkswirtschaft

Den Begriff Staat habe ich bereits definiert. Hier ist mit Staat die Bundesrepublik Deutschland gemeint. Die Volkswirtschaftslehre untersucht Zusammenhänge bei der Erzeugung und Verteilung von Gütern und Produktionsfaktoren. Letztere setzen sich zusammen aus Arbeit, Boden und Kapital, gemeint ist Produktionskapital, wie etwa Maschinen. Grundsätzlich basiert die Volkswirtschaft auf der Annahme der Knappheit der Ressourcen zur Befriedigung der Bedürfnisse von Wirtschaftssubjekten.

Im Gegensatz zur Mikroökonomie betrachtet die Makroökonomie die Wirtschaft im Gesamtzusammenhang, und untersucht gesamtwirtschaftliche Fragestellungen. In der VWL geht es um Wirtschaftswachstum, Preisstabilität, Inflation, Arbeitsmarkt, Konsum, gesamtwirtschaftliches Einkommen, Außenwirtschaft (Export), Statistik und mehr.

Es gibt kaum ein besseres Beispiel dafür, wie sich Staat in Wirtschaftspolitik einbringen kann, als das am 8. Juni 1967 verkündete „Gesetz zur Förderung der Stabilität und des Wachstums in der Wirtschaft", kurz Stabilitätsgesetz genannt. Im Jahr 1967 präsentierte sich die wirtschaftliche Situation in Deutschland so: Das „Wirtschaftswunderland" sah sich mit einer Rezession konfrontiert. Die Arbeitslosigkeit stieg von null auf 2,5 Prozent und das Bruttosozialprodukt (BSP) sank um 0,5 Prozent. Diese – aus heutiger Sicht harmlose – wirtschaftliche Situation war Anlass zu obigem Gesetz.

Im ersten Paragraphen wurden Bund und Länder verpflichtet, „bei ihren wirtschafts-und finanzpolitischen Maßnahmen die Erfordernisse des gesamtwirtschaftlichen Gleichgewichts zu beachten." Die Maßnahmen sollten also „im Rahmen der marktwirtschaftlichen Ordnung gleichzeitig zur Stabilität des Preisniveaus, zu einem hohen Beschäftigungsstand und außenwirtschaftlichem Gleichgewicht bei stetigem und angemessenem Wirtschaftswachstum beitragen." Diese vier Ziele wurden später als das magische Viereck bezeichnet, über dessen Sinn und Unsinn bis heute gestritten wird. Magisch vielleicht, weil es an Zauberei grenzen würde, sämtliche Ziele gleichermaßen zu erreichen. Das magische Viereck beinhaltet sowohl Zielharmonien als auch Zielkonflikte, was dazu führt, dass diese vier Ziele faktisch nie zu erlangen sind.

Es gibt gesamtwirtschaftliche Situationen, da können Ziele übereinstimmen, so wie hoher Beschäftigungsstand und Wirtschaftswachstum. Sich nicht deckend sind hingegen hohes Beschäftigungsniveau und Preisstabilität. So messen Volkswirte statistisch die im Stabilitätsgesetz formulierten Ziele. Die Höhe des Beschäftigungsniveaus ergibt sich aus der Arbeitslosenquote. Die mathematische Formel lautet:

Arbeitslosenquote = Zahl der registrierten Arbeitslosen geteilt durch die Zahl der Erwerbstätigen + Zahl der Arbeitslosen, multipliziert mit 100 Prozent.

Von Vollbeschäftigung spricht man dann, wenn die Arbeitslosenquote weniger als zwei oder drei Prozent beträgt. Die Preisniveaustabilität wird mit Hilfe der Inflationsrate gemessen. Für die Berechnung wird ein Warenkorb angenommen, gefüllt mit den üblicherweise konsumierten Gütern. Deren Preise wiederum stehen monatlich statistisch fest. Der Vergleich mit dem Kaufwert des Warenkorbs mit dem des Vorjahres ergibt die

Veränderung. Ist das Vorzeichen der Veränderung positiv, spricht man von Inflation, ist das Vorzeichen hingegen negativ, spricht man von Deflation.

Die Europäische Zentralbank (EZB) muss sich nicht an die Ziele des Stabilitätsgesetzes von 1967 halten. Sie betrachtet die Preisniveau-Stabilität als vorrangiges, den anderen überlegenes Ziel. Liegt die Inflationsrate nahe, aber noch unter zwei Prozent pro Jahr, dann interpretiert die EZB diese Inflationsrate als Preisniveau-Stabilität. Darüber kann man streiten, zumal die Höhe dieser Inflationsrate den Wert des Geldes jährlich signifikant schmälert. Das außenpolitische Gleichgewicht wird mit Hilfe des Außenbeitrags (Exporte / Importe von Waren und Dienstleistungen) dividiert durch das nominale Bruttoinlandsprodukt (BIP) gemessen. Die Gleichung sieht dann so aus:

Außenbeitragsquote = Exporte minus Importe geteilt durch nominales BIP multipliziert mit 100 Prozent.

Wirtschaftswachstum liegt vor, wenn das Bruttosozialprodukt im Vergleich zum Vorjahr zugenommen hat. Praxis in Deutschland ist es, die prozentuale Veränderung im Wachstum der Volkswirtschaft rückwirkend jeweils einmal pro Quartal zu erfassen. Zuständig dafür ist das Statistische Bundesamt in Wiesbaden, wo alle für das Wirtschaftswachstum relevanten Datenströme erfasst und ausgewertet werden, zum Beispiel die Angaben von Unternehmen zur Inlandstätigkeit oder zum Export. Als Wachstumsindikator gelten in Deutschland die Werte von zwei aufeinanderfolgenden Quartalen. Die USA gehen hier nachlässiger vor: Sie nehmen ein Quartal und rechnen es auf das Jahr hoch! Die Aussagekraft wird bei dieser Methode erheblich geschmälert.

Durch geltendes Europarecht und die Zuständigkeit der EZB für die Geldwertstabilität ist aus dem magischen Viereck im Stabilitätsgesetz von 1967 nur noch ein magisches Dreieck übrig geblieben. Wann soll der Staat in die Wirtschaftsabläufe eingreifen, um ein gesamtwirtschaftliches Gleichgewicht herzustellen? In einem System der Marktwirtschaft wie dem der Bundesrepublik Deutschland regeln Angebot und Nachfrage grundsätzlich das Gleichgewicht. Der Staat muss den Unternehmen nicht sagen, was sie produzieren und exportieren sollen, und wir Menschen, die Wirtschaftssubjekte, würden es für deplatziert halten, wenn uns der Staat vorschreiben würde, was wir zu konsumieren hätten. Damit kommt zum Ausdruck, dass sich der Staat in aller Regel aus den wirtschaftlichen Abläufen heraushalten muss.

Obwohl das Stabilitätsgesetz von 1967 zu keiner Zeit ernsthaft angewendet werden musste, kann es konjunkturelle oder politische Situationen geben, in denen das Einschreiten des Staates nicht nur erwünscht, sondern auch zweckmäßig ist. Nach der Wiedervereinigung stieg die Arbeitslosenquote auf 13 Prozent und sank später wieder auf aktuell unter sieben Prozent. Bei einer signifikanten Störung des Wirtschaftswachstums kann es ebenso geboten sein, dass sich der Staat mit öffentlichen Investitionen einbringt, vielleicht um Sozialwohnungen zu bauen, Straßen und Brücken zu sanieren oder neue Universitäten zu errichten. Notfalls kann der Staat dafür Kredite aufnehmen, jedoch mit der seriösen Verpflichtung, diese möglichst schnell wieder zurückzuzahlen. So jedenfalls funktioniert die marktwirtschaftliche Wirtschaftsordnung konfliktlos mit und ohne Staat.

9. Kapitel

Ich wünschte, dass mein lieber Karl mehr Zeit damit verbracht hätte, Kapital anzuhäufen statt nur darüber zu schreiben.

Jenny Marx (1814 - 1881)

Sparen, konsumieren oder investieren?

Dieses Kapitel umfasst zwei wesentliche Themenkomplexe: Sollen private Haushalte eher sparen als Geld für Konsumzwecke ausgeben? Oder investieren? Und im öffentlichen Bereich, muss der Staat sparen oder investieren? In einer marktwirtschaftlichen Grundordnung spielen diese beiden Fragen eine herausragende Rolle. Sie haben deshalb eine hohe Priorität, weil sowohl das Verhalten der einzelnen BürgerInnen – die Volkswirtschaftslehre nennt sie Wirtschaftssubjekte – als auch die Wirtschaftspolitik des Staates wesentlich zum Lebensstandard der Einzelnen beitragen. Nachstehende Betrachtungen beziehen sich auf den Zustand der deutschen Wirtschaft in der zweiten Hälfte des Jahres 2017.

Sollen private Haushalte sparen? In Deutschland wird immer noch gerne Geld zu Hause gehortet, früher im Sparstrumpf, heute in versteckten Schubladen oder im Sparschwein. Die noch in privaten Haushalten lagernden etwa sechs Milliarden DM-Bestände sind ein Beweis für die den Deutschen innewohnende Neigung zum Sparen. Gespart werden fast ausschließlich Münzen.

Geld zu Hause horten ist die am wenigsten lukrative Spar-Form. Denn Papiergeld hat so viel wie keinen Materialwert. Bei den Euromünzen steht es nicht besser, zum Beispiel die Ein-Euro-

Münzen, die als Legierung wesentlich aus Kupfer und Eisen bestehen. Das Gewicht von einem Euro liegt bei etwa acht Gramm. Es sind erst hundert Jahre her, da galt für Münzen in Deutschland das Prinzip, dass sie genau so viel wert waren wie das Metall, aus dem sie bestanden. Ein Beispiel aus der Kaiserzeit: Das goldene 20-Mark-Stück mit dem Konterfei des deutschen Kaisers bestand aus Feingold mit einem Gewicht von etwas mehr als sieben Gramm. Diese Menge Feingold entsprach genau dem Wert von 20 Mark. Volkswirte bezeichnen Münzen, die exakt so viel wert sind wie das Metall, aus dem sie bestehen, als Währungsmünzen.

Der Euro ist weit davon entfernt, eine Währungsmünze zu sein. Auf simplem mathematischem Weg lässt sich ermitteln, wieviel Gramm Gold man für einen Euro kaufen kann. Jetzt kostet ein Kilogramm Gold circa 50 000 Euro. Daraus ergibt sich, dass man für einen Euro die unsichtbare Menge von 0,02 Gramm Gold bekommt. Also lieber beim Italiener um die Ecke ein Batzen Eis für einen Euro; der ist nicht nur sichtbar, er schmeckt auch. So ist das Geld gut angelegt.

Zahlt man das gesparte Geld bei der Bank ein, erzielt man ein Ergebnis, das kaum besser ausfällt als beim Sparstrumpf zu Hause. Grund: Die Null-Zins-Politik der Europäischen Zentralbank (EZB) in Frankfurt / Main. Banken können sich kostenlos bei der EZB Geld besorgen und sind daher auf Kundeneinlagen nicht mehr angewiesen. Die Folge davon: Die Banken zahlen bestenfalls 0,25 bis 0,50 Prozent Zinsen auf Kapitaleinlagen. Die Kehrseite dieser Finanzsituation ist, dass Banken kaum noch lukrative Geld-Geschäfte finden. Umso kreativer müssen sie mit ihrer Finanzpolitik sein. Dazu schließt man immer mehr Filialen.

Wie können Sparer Geld anlegen? Banker empfehlen nicht selten Fonds und Aktien. Beide Anlageformen sind hochgradig spekulativ und nur mit größter Vorsicht zu kaufen – Finger weg! Wenn ein Berater (hinter vorgehaltener Hand) verrät, dass seine Bank jetzt ein neues Produkt herausgebracht habe, dann die Bank sofort verlassen! Eine Bank produziert nichts. Ihre Gewinne ergeben sich aus spekulativen Papieren. Je mehr ein Bankberater Kunden Risikopapiere verkauft, umso höher sind die Jahresboni dieses Institutsangestellten!

Wer obigen Rat nicht befolgt, dem geht es heute wie vielen KundInnen der HSH-Nordbank, der Landesbank mit Sitz in Hamburg und Kiel, einst der weltgrößte Schiffsfinanzierer, der vor der Abwicklung steht. Was hat die HSH-Nordbank gemacht? Sie hat mit Hilfe der Sparkassen, insbesondere in Thüringen und Bayern, Finanzprodukte verkauft. Die trugen blumige Bezeichnungen wie etwa „Osteranleihe", „Sommeranleihe" oder „Winterzauber" und man verkaufte sie in großem Stil. Es handelt sich um sogenannte Zertifikate, die zu jenen undurchsichtigen Produkten der Volksbanken, Privatbanken und Sparkassen gehören, die nach wie vor fleißig angeboten werden, obwohl die wenigsten KundInnen deren Chancen, Risiken und Kosten und Verluste erkennen können.

In Wirklichkeit sind diese Zertifikate Inhaber-Schuldverschreibungen mit folgender Konsequenz: Geht eine Bank pleite, die solche Zertifikate ausgibt, dann ist das Geld verloren. Einen Rechtsanspruch auf Entschädigung gibt es jedenfalls nicht, anders als es bei Spareinlagen bis zu 100.000 Euro der Fall ist. AnlegerInnen ahnen spätestens seit dem Lehman-Brothers-Zusammenbruch 2008, dass Zertifikate einen zweifelhaften Ruf haben. Nun wird für die HSH Nordbank ein Käufer gesucht. Gelingt ein Verkauf nicht, ist die Abwicklung die Folge und das Kapital der Anleger endgültig vernichtet.

Zwei Anlagemöglichkeiten, die ihre Anleger bei sorgfältiger Vorgehensweise noch nie enttäuscht haben, sind der Kauf von Gold und (sorgsam) Grund und Boden oder von Immobilien. Es handelt sich in beiden Fällen um knappe und deswegen nicht beliebig vermehrbare Güter. Grund und Boden ist begrenzt und die Goldvorkommen ebenfalls. Das macht sie wertvoll. Bei Gold muss man nicht gleich ein Kilogramm kaufen, es gibt auch Goldbarren zu 100 und zehn Gramm. Bei Immobilien, die seit geraumer Zeit stark nachgefragt sind, ist – trotz des sehr niedrigen Zinses – bei der Finanzierung darauf zu achten, dass der Kredit künftig regelmäßig zurückgezahlt werden muss. Wenn das Geld für ein Haus nicht ausreicht, dann kann eine kleine Wohnung von 40 bis 50 Quadratmetern als Geldanlage auch sehr interessant sein, zumal eine starke Zunahme von Single-Haushalten festzustellen ist.

Eine weitere solide Möglichkeit, Geld anzulegen, ist die Investition oder Reinvestition in Gebrauchs- oder Sachgüter. In einem Haus könnten Fenster und Türen erneuert, ein optimal ausgelegter Gasbrennmotor angeschafft, auch Auto oder Fahrrad erstanden werden. Vielleicht freut man sich über eine neue Küche? Entscheidend bei der Investition beziehungsweise Reinvestition in Gebrauchs- oder Sachgüter sind Aspekte wie Werterhaltung, Kosteneinsparung, Sicherheit, bessere Optik.

Muss der Staat sparen oder investieren? Der Staat – das sind tausende Gemeinden und Städte. Es gibt seit der Wiedervereinigung 16 Bundesländer und schließlich noch den Bund. Das ist die gesamte Bundesrepublik Deutschland. Der Bund, die Bundesregierung und das Parlament sind verantwortlich für die deutsche Außenpolitik oder die Bundeswehr. Bundesländer, Städte und Gemeinden sorgen unter anderem für Schulen und Kindergärten. Welches Geld zahlt die unterschiedlichen Aufgaben? In erster Linie Steuern, Abgaben und Gebühren.

Ein komplexes Steuersystem: Der Bund erhebt auf alle Produkte und Dienstleistungen, die gekauft und verkauft werden, die Umsatz- oder Mehrwertsteuer. Alle Arbeitnehmer zahlen entweder Lohn- oder Einkommensteuer. Im Gegenzug zahlt der Staat für Menschen über 65 Jahre einen Beitrag von mehr als einem Drittel der Rentenausgaben drauf. Wer seinen Pass verlängern lassen will, bezahlt eine kräftige Gebühr an die Gemeinde oder die Stadt. Gemeinden und Städte erheben auch Gewerbesteuern von ansässigen Unternehmen. Eine lange Liste von Steuern, Abgaben und Gebühren... Bund, Länder, Städte und Gemeinden stellen einmal jährlich einen Finanzhaushalt auf, in dem detailliert alle Einnahmen und Ausgaben erfasst werden. Das Volumen dieser staatlichen, städtischen oder kommunalen Haushalte begrenzt die Möglichkeiten politischen Handelns. Wieviel davon ist einzusparen oder in öffentliche Projekte zu investieren?

Sind die Einnahmen des Staates geringer als die effektiven Ausgaben, dann kann das folgende Gründe haben:

• Falsche Einschätzung der Steuereinnahmen. • Falsche Planung der Ministerien für ihre zu finanzierenden Ausgaben.

• Weniger Steueraufkommen aufgrund eines konjunkturellen Rückgangs der Wirtschaft.

- Zunahme der Arbeitslosigkeit und damit verbundene Mehrausgaben.
- Verminderung beziehungsweise Rückgang des Exports.
- Rückgang des Wirtschaftswachstums.
- Mehrausgaben für Naturkatastrophen wie Hochwasser, Überschwemmungen.
- Hilfestellung an chronisch verschuldete EU-Partnerländer wie Griechenland.
- Besondere steuerliche Vergünstigungen an angestammte Wählergruppen und Wahlgeschenke.
- Nicht erwartete Aufgaben in Milliardenhöhe zum Beispiel für Flüchtende, Pandemien…

Diese Gründe sollten den Bund bei jeder Aufstellung des Jahreshaushalts veranlassen, sparsam und zurückhaltend mit den Ausgaben zu kalkulieren, da die Einnahmen schnell die Ausgaben nicht mehr decken. Auch wenn diese Auslöser nicht gleichzeitig eintreten, einige wenige wie Wirtschaftsschrumpfung, Zunahme Arbeitslose, falsche Schätzung der Steuereinnahmen und die immensen Ausgaben für Geflüchtete reichen aus, um den Staatshaushalt aus dem Gleichgewicht zu bringen.

Sind die laufenden Einnahmen des Bundes zu gering, um alle seine Aufgaben zu finanzieren, dann hat der Staat diese Möglichkeiten, um Einnahmen und Ausgaben wieder anzunähern: Streichung oder Zurückstellung von staatlichen Aufgaben. Eine selten angewandte Praxis, weil kein politischer Konsens zu erzielen ist.

Steuererhöhungen: Ein äußerst unbeliebter Weg, weil die Politiker den Verlust von Wählerstimmen bei der nächsten Wahl befürchten, und damit den Machtverlust.

Kreditaufnahme, auch Schuldenmachen genannt: Nimmt der Bund Kredit auf, dann muss er diesen – wie übrigens jeder Bürger auch, wenn er sich bei der Bank verschuldet – mit Zinsen an den jeweiligen Kreditgeber zurückzahlen. Die Verschuldung erfolgt in der Regel durch die Ausgabe von Wertpapieren. Die meisten Papiere werden von Banken, Versicherungen und Kapitalsammelstellen gekauft und wie Wertpapiere gehandelt.

Das Schuldenmachen ist in der Europäischen Union (EU) ein sehr beliebter Weg, um sich Geld zu verschaffen. Im Hinblick auf etwaigen Staatsbankrott durch zu hohe Schuldenaufnahme hat die EU die Möglichkeit der Staatsverschuldung begrenzt. Das gilt für Deutschland ebenso wie für alle anderen EU-Länder, die im Euro-Währungsverbund versammelt sind. Es gilt der Grundsatz: Jedes Land darf jährlich höchstens so viele neue Schulden aufnehmen, dass diese nicht größer als drei Prozent des sogenannten Bruttoinlandsprodukts sind. Mit diesem Begriff misst man in der Volkswirtschaftslehre das Wirtschaftswachstum. Konkret bezeichnet man als Bruttoinlandsprodukt die Summe aller Güter und Dienstleistungen, die in einem Jahr in der Bundesrepublik produziert werden.

Dieser Grundsatz ist eng mit einer weiteren Regel verknüpft, die das Schuldenmachen ebenfalls begrenzen soll. Sie lautet: Die Summe aller Schulden, die der Bund je aufgenommen und noch nicht zurückgezahlt hat, dürfen 60 Prozent des Bruttoinlandsprodukts nicht übersteigen. Weder die Bundesrepublik, noch Frankreich, Italien oder andere EU-Länder halten sich an die Drei-Prozent Begrenzung und auch nicht an die 60 Prozent Begrenzungsregel. Wenn die Europäische Kommission bei Überschreitung dieser beiden Regeln den Schuldnerstaaten mit einer Strafe droht, wird das schnell fallen gelassen, da die europäische Regierung keine Handhabe hat, die vorgesehenen Sanktionierungen durchzusetzen.

Der Bund ist mit mehreren Billionen (eine Billion entspricht 1000 Milliarden) Euro verschuldet und denkt nicht daran, bei Steuermehreinnahmen Schulden zu tilgen. In nicht ganz so großem Umfang sind die anderen EU-Länder verschuldet, je nach Größe ihres jeweiligen Bruttoinlandsprodukts. Griechenland hat schon vor Jahren Staatsbankrott angemeldet, der nur durch finanzielle Hilfen der anderen EU-Länder verhindert wurde. Auch Portugal und Irland erhielten kräftige finanzielle Unterstützung aus den sogenannten EU-Rettungsfonds. Da Griechenland in astronomischer Höhe verschuldet ist, müssen regelmäßig Milliarden Euro-Beträge der EU und des Internationalen Währungsfonds (IWF) zur Verfügung gestellt werden, um – wie schon erwähnt – den Staatsbankrott zu verhindern.

Den Euro musste man seit seiner Einführung mehrfach mit Hilfe sogenannter Rettungsfonds stützen. Es ist eine künstliche Währungskonstruktion – wirtschaftlich schwache Mitglieder des

Verbunds sind im Vergleich mit den Leistungsstarken andauernd die Verlierer. Die Folge: Diese Staaten nähern sich zwangsläufig dem Staatsbankrott, der nur durch immense Schuldenzuwächse der EU-Rettungsfonds angehalten, in Wirklichkeit hinausgeschoben wird.

Um die Gefahr eines drohenden Euro-Zusammenbruchs besser verstehen zu können, ist ein kurzer Rückblick in seine Währungsgeschichte hilfreich. Bis in die 70er Jahre des vergangenen Jahrhunderts galt der sogenannte Goldstandard. Papiergeld und Münzen konnten jederzeit in Gold umgetauscht werden, zumindest in einigen Ländern, darunter auch in den Vereinigten Staaten von Nordamerika.

Vorteil der Golddeckung: Es durften nur Münzen und Papiergeld geprägt und gedruckt werden, die dem Wert der vorhandenen Goldreserven entsprachen. Nach Abschaffung des Goldstandards galt die wirtschaftliche Ertragskraft eines Landes als Gradmesser für die Solidität einer Währung. So entwickelte sich die Deutsche Mark (DM) nach dem Krieg schrittweise zu einer sogenannten Hartwährung, neben US-Dollar und Schweizer Franken. Die anerkannte Qualität deutscher Produkte „Made in Germany" galt als Gütesiegel.

Anders lagen die Dinge in Frankreich und Italien. Der französische Franc und die italienische Lira wurden mehrmals abgewertet, weil die wirtschaftliche Ertragskraft diese Währungen nicht stützen konnte. Franc und Lira wurden, neben vielen anderen Währungen, als sogenannte Weichwährungen bezeichnet. Über das damals geltende System flexibler Wechselkurse wurde die DM im Vergleich zu den anderen Währungen immer höher bewertet.

Während Deutschland immer mehr exportierte als importierte, wurde der jährliche Exportüberschuss zum weiteren Gradmesser für die Solidität der DM. Der Euro hat keinerlei Deckung, weder in Gold noch in der Ertragskraft der Länder im Euro-Verbund. Er stützt sich ausschließlich auf Schulden und Rettungsfonds, die bereits mehrfach in Anspruch genommen werden mussten, um sein Überleben zu sichern.

10. Kapitel

Man darf niemandem einen Vorwurf machen, der seinen gerechten Anteil am Wirtschaftswachstum einfordert.

Wolfgang Huber
Ehem. Evangelischer Bischof und Ratsvorsitzender Evangelische Kirche
*(*12. 08. 1942)*

Ungebremstes Wachstum: Utopie?

Studenten der Volkswirtschaftslehre lernen zu Beginn des Studiums, dass es drei Produktionsfaktoren gibt, die maßgebend zur Erzeugung des Bruttosozialprodukts (BSP) und des Volkseinkommens beitragen. Dieses ergibt sich, wenn alle in einer Wirtschaftsperiode produzierten Güter und Dienstleistungen mit ihren Preisen multipliziert werden: Die Produktionsfaktoren sind Arbeit, Boden und Kapital.

Unter Kapital ist in diesem Fall nicht Geld zu verstehen, sondern Produktionseinrichtungen in Form von Maschinen, Technik, Hallen, Transportvermögen. Wenn VWL-Professoren verdeutlichen wollen, wie wichtig ihr Fach gegenüber der „überschaubaren" Betriebswirtschaftslehre (BWL) sei, dann bezeichnen sie die VWL gerne als Makroökonomie und verweisen die BWL in den Bereich der Mikroökonomie. So lernt der Nachwuchs, dass die Produktionsfaktoren nicht beliebig vermehrbar sind. Besonders gilt das für den Boden, denn der hat sichtbare Grenzen. Die Niederländer übrigens setzen mit ihrer Polder-Landgewinnung die klassische VWL nicht außer Kraft.

Sogar die deutsche Gesellschaftsordnung mit der angestrebten und auch so bezeichneten Sozialen Marktwirtschaft verlangt nach regelmäßigem Wirtschaftswachstum. Sobald sich dieses verlangsamt oder gar still steht, bricht die Krise aus und es folgt Panik. Woran liegt das? Da Löhne, Gehälter, Pensionen und die Staatsausgaben ein ständiges Wirtschaftswachstum bedingen, um allen Zahlungsverpflichtungen nachzukommen – weil unbegründet Preise von Rohstoffen, Energie und anderem steigen – ist wirtschaftliches Wachstum nötig. Gegenargument: Niemand kann ernsthaft glauben, dass unendliches, unbegrenztes Wachstum in einer endlichen Welt möglich sein soll.

So darf man die Vorstellung von unbegrenztem Wachstum eine Utopie nennen. Obwohl es alle wissen, ändern 80 Millionen Deutsche und weitere 370 Millionen Europäer diese wirtschaftliche Zielsetzung nicht. Erfolgreiche Gesellschaft ist eng an immerwährendes Wachstum geknüpft. Ein Teufelskreis, bei dem Ursache und Wirkung einander zum Schlimmsten verstärken. Warum diese XXL-Einstellung die Lebens-Grundlagen der Menschen zerstört, lernen die VWL-Studenten in Deutschland nicht, weil es weder zur Marktwirtschaft noch zum Gesellschaftssystem passt.

In Frankreich spricht man darüber. So kann man es bei Professor Serge Latouche (Universität Paris-Süd XI, Orsay) nachlesen. Der heute emeritierte Professor hat seine Thesen in dem Buch „Petit traité de la décroissance sereine – Kleine Abhandlung einer heiteren Gesundschrumpfung" – zusammengefasst und drei Gründe genannt, die trotz begrenzter Ressourcen zu stetigem (Schein)-Wachstum führen. Er formuliert es so: „Drei Faktoren sind erforderlich, damit die Konsumgesellschaft ihren diabolischen Weg verfolgen kann: Die Werbung, die den Wunsch nach Konsum weckt, der Kredit, der die Mittel dafür zur Verfügung stellt und die beschleunigte und programmierte Veralterung (Obsoleszenz) der Produkte, die den Bedarf ständig erneuern sollen".

Werbung begleitet BürgerInnen über den ganzen Tag; im Rundfunk, Fernsehen, in der U- und S-Bahn, auf Straßenplakaten, in Postwurfsendungen, in den Printmedien. Niemand kann sich ihr entziehen, denn sie weckt Bedürfnisse, die man zuvor nicht kannte. Sie stachelt permanent die Unzufriedenheit an. Dagegen anzukämpfen erfordert einen starken Charakter. Es gilt, Widerstand zu leisten. Etwa 90 Prozent der Firmenchefs vertreten die Meinung, dass es ohne Werbung nicht gelänge, ein neues Produkt auf den Markt zu bringen. Fazit: Werbung – die große Verführung und Eckpfeiler des Konsums.

Kredit und Geld sorgen dafür, dass diejenigen, die zu wenig Kaufkraft haben, auch reichlich am Konsum teilhaben können. Unternehmen bekommen derzeit Kredit und damit Geld regelrecht nachgeworfen. Die Banken, im Verbund mit der Europäischen Zentralbank (EZB) sorgen für ausreichende Liquidität, damit stets investiert, produziert und konsumiert werden kann. Produziert und angepriesen werden dabei nicht nur nützliche Güter, sondern auch viele Nichtigkeiten. Dabei ist die Produktion so ausgelegt, dass sowohl Konsum- als auch Investitionsgüter immer schnelllebiger werden und in immer kürzeren Zeiträumen unbrauchbar sind.

Serge Latouche nennt dieses ökonomische Verhalten „Programmierte Obsoleszenz." Glaubt man den Behauptungen, dann werden jährlich 150 Millionen Computer zur Entsorgung zum Beispiel nach Afrika transportiert. 500 Schiffe laufen monatlich Nigeria an und entladen so giftige Schwermetalle wie Quecksilber, Nickel, Arsen, Blei und Cadmium. Egal, ob man von Hyper- oder Turbokonsum spricht, diese Art Wachstum wirkt selbstzerstörerisch auf Menschen und Erde ein.

Wo ist der Ausweg? In der Verlangsamung – besser in der Gesundschrumpfung des Wachstums. Das nächste Kapitel wird zeigen, wie ein solcher Prozess möglich wäre.

11. Kapitel

Manchmal ist weniger mehr.

Geflügeltes Wort

Heilsame Gesundschrumpfung des Wirtschaftswachstums

Unbegrenztes Wachstum ist nicht nur eine Utopie. Es beruht auf der Ausbeutung kostbarer Ressourcen, geht zu Lasten künftiger Generationen und auf Kosten der Gesundheit der arbeitenden Menschen. Wie soll man sieben Milliarden (bald mehr) Menschen ernähren, wenn die Böden immer weniger Erträge abwerfen, die Bereitstellung von Energie zunehmend schwierig wird, die Erdölvorkommen – wir, die verkommene Öl-Gesellschaft – ständig schrumpfen, und dann noch immerwährendes Wachstum gefordert wird? Da hilft auch die Ballade eines unbekannten Volkswirts nicht mehr:

„Wollt' Bodenfrücht, ihr, vielerlei,
Mehr Arbeit immer nötig sei,
Denn Nahrung wächst wie eins, zwei, drei,
Der Mensch wie eins, zwei, vier, oh wei."

Auch wer kein Mathematiker ist erkennt, dass arithmetische und geometrische Reihenfolgen zu deutlich verschiedenen Ergebnissen führen. Eine Gesundschrumpfung ist weder negatives Wirtschaftswachstum noch eine „konkrete Utopie", wie es Ernst Bloch im positiven Sinn bezeichnete. Es ist eine dringende Notwendigkeit. Das Phänomen wurde bereits erkannt.

Weniger Menschen – ein Vorschlag, Kulturrevolution ein anderer. Umdenken ist jedenfalls erforderlich, um dem Exzess-Konsum zu entkommen. Die Lebensform der „Gesellschaft im Überfluss" muss enden.

Erste Vorschläge, wie man von der Überproduktion zur Gesundschrumpfung kommen könnte, liefert André Gorz in seinem Werk „Kapitalismus, Sozialismus, Ökologie" („Capitalisme, socialisme, écologie") und erläutert das so: „Um besser leben zu können, geht es nunmehr darum, anders zu produzieren und zu konsumieren und mehr Besseres durch weniger zu erreichen. Es kann damit begonnen werden, die Ursachen der Verschwendung zu beseitigen." So könnten Einwegverpackungen, schlechte thermische Isolierungen, Transport, vorzugsweise auf der Straße, verschwinden. Dauer und Haltbarkeit von Produkten könnte man erhöhen. Ein sinnvoller Beginn.

Solch praktische Forderungen bedürfen, damit sie viele erreichen, eines künftigen ideologischen Überbaus. Ohne politische Vorgaben wird eine wirtschaftliche Gesundschrumpfung nicht erreichbar sein. Wo findet man Politiker mit Gewissen und Weitsicht? Wer würde der Gesellschaft erklären, dass partieller Konsumverzicht zum Überleben der Menschen unabdingbar ist? Wo sind politische Visionäre, die schlüssig darlegen, dass Menschen nicht im Überfluss leben müssen?

Gesundschrumpfung bedeutet nicht Rückschritt. Niemand soll barfuß Fußball spielen müssen. Aber wie viele Paar Schuhe müssen im Schrank stehen, wie viele Fahrräder und Autos braucht eine Familie? Es kommt auf den Versuch an: Menschen kommen mit viel weniger aus als sie jetzt haben. Die Bereitschaft auf Verzicht und die Mitwirkung der Politik würden das Überleben des Homo Sapiens langfristig sichern. Ändert man das Verhalten nicht, rast die Menschheit wie in einem Rennauto mit Hochgeschwindigkeit gegen eine Wand. Wir wären nicht die ersten Lebewesen, die auf der Erde ausgelöscht wurden.

12. Kapitel

Die Pferde des Fortschritts galoppieren,
doch die Esel der Erfahrung
gehen im Schritt.

Aus China

Grenzen des technischen Fortschritts

Was für die vorangegangenen Kapitel galt, soll auch für dieses zutreffen: Eine Kurzanalyse. Derzeitige Ziele sind „Unbegrenztes Wachstum", „Hoher Wohlstand für alle", oder „Immerwährender technischer Fortschritt" – zweideutig und undurchsichtig. Weder die Innovationsanbeter noch die Wissenschaftler aus Wirtschaft, Technik, Geologie oder Chemie interessieren sich für die ökologischen oder ökonomischen Folgen ihrer Erfindungen. Die mathematisch orientierten bunten Wachstumskurven in der Volkswirtschaftslehre sind überflüssig, weil sowieso unendliches Wirtschaftswachstum und immerwährender technischer Fortschritt unrealistisch sind. Viele Menschen stimmen für den technischen Fortschritt: Das gilt als modern und zukunftsweisend. Da möchte man nicht hintanstehen. Die Konsequenzen mag keiner bedenken – nicht erwartete Folgekosten für Umwelt und / oder Gesundheit sind nachzuzahlen.

In seinem Buch „Die Herrschaft des Leviathan – Sieg und Selbstzerstörung des Fortschritts" hat Franz Vonessen drei Bedingungen aufgestellt, damit wir Menschen mit dem Fortschritt zufrieden sein könnten: „Die erste ist klar – nur etwas Gutes kann im guten Sinn fortschreiten. Die zweite Bedingung ist schon heikler: Der Fortschritt ist nur echt, wenn er nicht durch

Rückschritt auf anderer Seite bewirkt wird! Sonst hebt das eine das andere auf. Die dritte Regel ist die wichtigste: Fortschritt verdient nur den Namen, wenn er ein Ziel hat ... Aus der Tatsache, dass Fortschritt ein Ziel hat, folgert: Er dauert nicht ewig. Wenn das Ziel erreicht ist, ist Schluss."

Auch der aktuell wirkende technische Fortschritt ist keine Größe, die allein im Raum steht. Wirtschaftswachstum unter Einbeziehung der technischen Entwicklung verlangt viel Kapital. Im hiesigen kapitalistischen System stehen für den technischen Fortschritt enorme (Staats-)Vermögen zur Verfügung. Weltweit heißt das Wohlstand und Reichtum weniger zu Lasten vieler Menschen. Soziologen kennen dieses Phänomen: Wachsenden Reichtum gibt es nur auf Kosten wachsender Armut.

Der von Asien über Europa bis USA verwirklichte technische Fortschritt ist eng an Produktion geknüpft. Flächendeckend entsteht Abfall, der auf dem Müll landet – die letzte Station. Das wäre eine wesentliche Komponente der Kosten-Nutzen-Rechnung in der modernen Industrie. Abfall sind Abgase und Schadstoffemissionen aus Autos, Flugzeugen, Ozeanriesen, Schadstoffe in Abwässern, Flüssen, Seen und Meeren, Reststoffe, Millionen Tonnen Plastik, Rückstände aus Öfen und Fertigungsstraßen und Unmengen von Haus- und Industriemüll. Die Berechnung der Kosten für die Abfallbeseitigung eines Produkts müsste Bestandteil der Kostenkalkulation sein. Mitunter sind schädliche Nebenkosten eines Produktes höher als der Nutzen. Die Nebenkosten des technischen Fortschritts erhöhen sich also direkt mit dem Wirtschaftswachstum. Mathematisch: mehr Ware, wachsender Müll!

Beispiele:

- Nach dem Zweiten Weltkrieg kamen aus der chemischen Industrie Stickstoffe und andere Düngemittel auf den Markt. Den Landwirten wurde ein Vielfaches ihrer bis dato erzielten Erträge versprochen. Aber weder die chemische Industrie noch der Düngemittelhandel hatten den gutgläubigen Bauern erzählt, dass durch starke Wachstumstreiber die Böden saurer und mineralstoffärmer würden. Die Erträge schwanden. Salat und Getreide war vergiftet, das Grundwasser verseucht. Wachsend nehmen Landwirte Abstand von Chemiekeulen und kehren zur Bio-Produktion zurück.

• Atomenergie: Die Physiker, welche die Kernspaltung entdeckten, wussten um ihre Zerstörungskraft. Um den Fortschrittsglauben der Völker und ihrer Lenker nicht ins Wanken zu bringen, bestanden sie darauf, dass das Atom nicht teuflischen Ursprungs sei und bei richtiger Anwendung den Menschen nur Gutes brächte. Hätten sie darauf verzichtet, die Ergebnisse der Kernspaltung publik zu machen, wäre der Menschheit eine Menge Unheil erspart geblieben.

Die Eitelkeit der Atomforscher gewann gegen den Verzicht auf Publikation, Ruhm und Ehre. Kein Laie erkannte die Gefahren der atomaren Strahlung. Niemand wies darauf hin, dass Atomkraft technisch nicht beherrschbar ist. Die unzähligen Atomkraftwerke im engen europäischen Raum und weltweit sind eine ständige Gefahr für die Menschen. Auf die unzulänglichen und unsicheren Entsorgungsmöglichkeiten der abgebrannten atomaren Brennstäbe muss nicht hingewiesen werden. Eine weltweite Gefahr!

• Die Erderwärmung durch unkontrollierten Kohlendioxydausstoß: Eine immer dünner werdende Ozonschicht und die Verrußung der Atmosphäre beeinträchtigen jetzt schon die Gesundheit aller Erdbewohner, aber niemand denkt daran, Abgase aus Autos, Flugzeugen, Schiffen und Industrie drastisch zu begrenzen. Die durch technischen Fortschritt gewonnene Mobilität steht der fortschreitenden Luft- und Erdverschmutzung, der Zerstörung des Weltklimas entgegen. Fluglärm, Schadstoffemissionen aus Flugzeugen und Störung der Nachtruhe:

• Durch den größten deutschen Flughafen werden die Kommunen rund um Frankfurt und seine Stadtteile im Minutentakt mit höllischem Lärm beschallt. Flugzeuge sparen Kerosin und halten sich unzulässig niedrig mit weit vor der Landung ausgefahrenen Landeklappen tief über Wohngebieten auf. Durch das unzureichende Nachtflugverbot von 23 bis fünf Uhr haben über eine Millionen Menschen in Rhein-Main nicht einmal sechs Stunden garantierte Ruhe. Das bedingt Schlafstörungen, Atemnot, Bluthochdruck, Luftverpestung. Und: Die Immobilien verlieren drastisch an Wert. Diese „Mobilität der Passagiere“ geht zu Lasten der Bewohner in Rhein-Main. Der

Erneuerung folgt der Rückschritt. Wie soll man damit „gänzlich zufrieden" sein können?

Wir Heutigen hören ausdauernd das Lob der Technik. Doch ist der Mensch vielleicht Nomade, auch Landwirt, sicher nicht zum ständigen Fortschreiten und Wegwerfen geboren. Bleiben die Menschen gegenüber ihrer Erde weiterhin uneinsichtig und rücksichtslos, kann der Planet auch ohne sie existieren. Der Erde ist es gleichgültig, ob sie von unvernünftigen Zweibeinern bewohnt wird oder nicht. Vielleicht sind die Menschen ein vorübergehendes Phänomen im Universum. Betrachtet man die Natur, die gut funktioniert wenn man sie in Ruhe lässt, passt der Mensch nicht ins Gefüge.

Das letzte Wort zu diesem Kapitel soll einer mit klugem Kopf haben, Robert Musil. Er ist der Meinung: „Fortschritt wäre wunderbar, wenn er einmal aufhören würde." Eine treffliche Zusammenfassung!

13. Kapitel

In Zeiten der Krise sollte man keine Krawatte tragen: Das verhindert unnötig die Blutzufuhr zum Gehirn.

*Lawrence Edward Page (*1973)*
US-Informatiker & Google-Mitbegründer

Bankenkrise: Die Entmystifizierung einer selbsternannten Elite

Im Herbst 2008 wussten nur wenige Fachleute, dass die Finanz-Welt aus den Fugen geraten würde. Da die Experten keine Alarmglocken zogen, mussten auch Angestellte, Sparfüchse und Reiche nicht beunruhigt sein. Zumal es positive Indikatoren gab wie diese: Das weltweite Wirtschaftswachstum entwickelte sich schneller denn je. Eine solide Einlagenquote für Investitionen und ein beachtlicher technischer Fortschritt berechtigten zu der Annahme, dass dies in den folgenden Jahren auch so weitergehen würde. Dennoch, ohne laute Vorwarnung brach eine von den USA ausgehende weltweite Finanzkrise aus, die das kapitalistische System durcheinander wirbelte.

Was war passiert? Mit der internationalen wirtschaftlichen Verflechtung – wie als Mantra Globalisierung genannt – entstand die Erkenntnis, dass die Weltwirtschaft neuen Risiken ausgesetzt sein würde. Bereits im März 2001 wies der frühere Präsident der Deutschen Bundesbank, Hans Tietmeyer, auf die Gefährdung des Gesamtsystems im Falle krisenhafter Zuspitzungen, zum Beispiel so genannte „Systemrisiken auf den Finanzmärkten" hin.

Neun Jahre später formulierte es Jean-Claude Trichet, Präsident der Europäischen Zentralbank, auf einem Symposium im März 2010 so: „An einem bestimmten Punkt in der Vergangenheit verlor die Finanz ihren Kontakt mit der ‚raison d'être'. Die Finanz hörte auf, Quelle der Dienstleistungen für die Realwirtschaft zu sein und entwickelte ein Eigenleben. Die Finanz wurde zum Selbstzweck. Um künftige Krisen zu vermeiden, brauchen wir absolut intelligente Regelungen, die eine Selbstzerstörung verhindern können."

Wichtiger ist, dass für viele Investmentbanker Geld schon lange kein klassisches Zahlungsmittel mehr war. Mit der Schaffung hohler „Finanzprodukte" (Wortschöpfung der Banker, ohrfeigenschön!) wurde das Geld für die Banker zur Ware, die gehandelt wird. Damit generiert man zweifelsohne mehr Profite als mit der Vergabe von Klein-Krediten an die Wirtschaft.

Stellvertretend für verantwortungslose Bank-„Produkte" seien zwei besonders perverse genannt: Die Spekulation mit Zertifikaten auf Nahrungsmittel (Weizen, Reis, Mais) und das finanzielle Engagement bei Unternehmen der Streubomben-fabrikation. Im ersten Fall hat sich eine deutsche Bank besonders unrühmlich hervorgetan. Vielleicht ist das auch heute noch so.

Alles halb so schlimm, sagen Berufsoptimisten und versuchen, die Berufsapokalyptiker in die Ecke zu stellen. Aktuell sind die Menschen verunsichert und haben wenig Hoffnung auf eine helle Zukunft. Sie ahnen, dass gewaltige Veränderungen anstehen. Vertrauen in Politiker, Lösungen für die Erdenbewohner zu finden, ging verloren.

Eine monokausale Zuweisung der Verantwortlichkeit für die Finanz- und Weltwirtschaftskrise wäre oberflächlich und unvollständig. PolitikerInnen beschuldigen die Banker und diese finden Ursachen bei den Politikern. Dass die BürgerInnen ebenfalls schuld sein könnten, davon will niemand etwas wissen. Fazit: Die Krise der Verantwortlichkeiten gälte es gewissenhaft zu analysieren.

Die erste weltweite Finanzkrise wurde durch einen unkontrollierten und unseriösen Immobilienboom in den USA ausgelöst. Amerikanische Banken gewährten Geringverdienern und Arbeitslosen Kredite zum Kauf von Immobilien. Diese Kredite wurden, in Mehrfachverpackung, unter den Banken weltweit in

Form von zertifizierten Titeln gehandelt. Bisweilen wanderte der von einer amerikanischen Bank ursprünglich gewährte Kredit über zahlreiche Stationen zu einer Bank in Hongkong, Singapur oder Frankfurt.

Wie nicht anders zu erwarten, konnten die unvermögenden Immobilienkäufer nach kurzer Zeit weder Zinsen leisten noch den Kredit zurückzahlen. Häuserpfändungen folgten. Damit wurden die Banken illiquide und meldeten Konkurs an. Mit extrem niedriger Eigenkapitalquote konnten sie das Desaster nicht aufhalten. Und nicht nur Banken waren betroffen, auch große Versicherungen. Die Pleite der Lehman-Brothers-Bank in den USA und das finanzielle Desaster des Versicherungskonzern AIG brachten das internationale Finanzsystem ins Wanken. Begibt man sich auf die Suche nach den Akteuren oder Institutionen, welche die internationale Finanzkrise heraufbeschworen, dann vielleicht in dieser Reihenfolge:

Das Versagen der Volkswirtschaftslehre: Zu den wenigen Wirtschaftswissenschaftlern, die offen vom Versagen ihrer Wissenschaft sprechen, gehört Joachim Starbatty, Tübinger Wirtschaftswissenschaftler. Hier seine Meinung: „Das, was wir Finanzkrise nennen, ist zugleich eine Krise des derzeit dominanten Wirtschafts- und Lebensstils und auch – das muss unumwunden eingeräumt werden – der modernen Volkswirtschaftslehre. Wer von den Nobelpreisträgern der Wirtschaftswissenschaft, wer von den im Fernsehen präsenten Großwissenschaftlern, wer von den Wirtschaftsweisen hat rechtzeitig seine Stimme erhoben? Auf welchen repräsentativen Kongressen ist das Heraufdämmern der Krise gesehen worden?" Es muss die Volkswirtschaftslehre der Zeit angemessene neue Inhalte finden.

Das Versagen unseriöser Banken: Unumstritten sind es die großen Banken – private wie öffentliche – welche versagt haben. Einen Überblick ihres Versagens bekommt man bei einer Bewertung wesentlicher Punkte nach dem Schulsystem (die Zahlen geben die jeweilige Schulnote an):

Eigenkapitalquote	6
Risikobereitschaft	6
Transparenz der Finanzprodukte	5

Qualität der Beratung	5
Loyalität der Banken untereinander	5
Steuerehrlichkeit	4
Jahresberichte (Gewinn-und Verlustrechnungen) und Bilanzen	4
Gehälter und Boni	1
Kredite an mittelständische Unternehmen	4
Rücklagen und Rückstellungen	5
Vorsorge für riskante Spekulationsgeschäfte	5
Sozialengagement	6
Moral und Anstand	6
Verantwortung gegenüber Aktionären	4
Lernfähigkeit	6
Verantwortung gegenüber der Gesellschaft	6

Dieses Notenbild ist nicht berauschend. Jedoch, wer braucht schon eine Bank zum Leben? Der arithmetische Durchschnitt bei diesen 16 Punkten ist auch nicht zu errechnen, da quantitative und qualitative Merkmale gemischt sind. Trotz des katastrophalen Notenbildes halten sich Spitzenbanker für „The Masters of the Universe" (exzellenter Dokumentarfilm). In Wirklichkeit haben Finanz-Jongleure jegliche Bodenhaftung verloren. Die selbst ernannte Elite hat jedes Vertrauen bei ihren Mitmenschen eingebüßt.

Das Versagen der Politik und damit des Staates und seiner Aufsichtsorgane in Deutschland: Wie konnte es zum Zusammenbruch des Staatsfinanzierers Hypo Real Estate kommen? Wer hat die Landesbanken vieler Bundesländer sich selbst überlassen, ohne sie zu kontrollieren? Wer hat zugelassen, dass öffentliche Banken hochriskante Engagements im Ausland eingingen und am Ende gar nicht mehr genau wussten, wo sie das Geld der Steuerzahler überall platziert hatten?

Wäre die Bundesanstalt für Finanzdienstleistungsaufsicht (BaFin) ihrer Kontrollpflicht nachgekommen, wären die Zusammenbrüche zu verhindern gewesen. Die BaFin ist hauptsächlich mit Juristen und Nichtbankfachleuten besetzt. Eine schlechte Ausgangsposition für Kontrollaufgaben bei Banken. Zudem soll hier eine staatliche Institution eine andere staatliche Einrichtung kontrollieren. Konkret: Die BaFin die Landesbanken!

Versagt hat auch der Bundesfinanzminister, der die Fachaufsicht über die BaFin hat. Ende 2009 geriet über die Süddeutsche Zeitung eine Liste an die Öffentlichkeit, in der das Volumen der Kredite und Wertpapiere „aus problemhaften Geschäftsfeldern" bei deutschen Banken dargestellt wurde. Laut diesem BaFin-internen Papier wird das Volumen auf 816 Milliarden Euro beziffert. Kommentar der BaFin: „Dieses problembehaftete Geldvolumen lässt keine Rückschlüsse auf die Kreditwürdigkeit der Banken oder deren Zukunftsfähigkeit zu." Wie falsch diese Einschätzung war, ist bekannt.

Eine unrühmliche Rolle hat beim Finanzdesaster die Hypo Real Estate Holding (HRE) mit Sitz in München gespielt. Für die zu 100 Prozent verstaatlichte Bankenholding handelt heute als Eigentümer die Bundesrepublik Deutschland und der Finanzmarktstabilisierungsfonds SoFFin. Als der aufgeblähte Staatsfinanzierer HRE pleite war, erhielt er aus SoFFin 124 Milliarden Euro Garantien und weitere direkte Hilfen in Höhe von 7,7 Milliarden Euro vom Staat.

Am 1. Oktober 2010 begann die HRE mit Tricksereien: Zu diesem Zeitpunkt hatte die HRE Darlehen und Wertpapiere von rund 173 Milliarden Euro in eine öffentlich-rechtliche „Abwicklungsanstalt" ausgelagert – solche Anstalten werden gerne als „Bad Bank" bezeichnet. Mit übertragen wurden durch Staatsbürgschaften abgesicherte Wertpapiere im Umfang von 124 Milliarden Euro. Macht zusammen 297 Milliarden Euro und damit mehr als die Bilanzsumme dieser Bankenholding. Das Geldvolumen, von Steuerzahlern bereitgestellt, ist aller Voraussicht nach für immer verloren.

Auch hier gäbe es eine Reihe von Versagern: an erster Stelle der risikofreudige und verantwortungslose Vorstand der HRE. Jedoch auch BaFin und Bundesfinanzminister, die ihre Kontrollaufgaben nicht wahrgenommen haben. Und natürlich die spendable Bundesregierung, welche die Rettung der HRE alternativlos fand, weil die systemisch war. PS: „alternativlos" heißt „nicht lange genug nachgedacht und seriöse Lösung gefunden".

Die ungebremste Gier der Bankkunden, Sparer und Geldanleger: Die Liste der Schuldigen am Finanzeinbruch vervollständigen die gierigen Geldanleger. Bankkunden fordern gerne höhere Renditen für ihr eingebrachtes Kapital, ohne nach den Risiken zu fragen. Bankberater versprachen Zuwächse in unrealistischer Höhe, ohne auf die Verlustgefahr aufmerksam zu machen. Geldgier hat die AnlegerInnen leichtsinnig und naiv werden lassen. Man glaubte gerne, dass eine hohe Kapitalverzinsung mit Nullrisiko möglich sei.

Den unanständigen Bankern passte das ins Konzept: Sie rieten Kunden zum Kauf von unsicheren Wertpapieren oder Zertifikaten, welche höchste Renditen versprachen. Je höher das Risiko, umso höher auch die Boni der Banker. Um die Gewähr der angelegten Gelder kümmerten sich die Banker nicht. Verlieren Bankkunden Geld, ist ihre Gier die Ursache. Geht die Bank kaputt, würde sie der Staat schon retten, so die Überzeugung der Banker.

Mit den Banken kann man derzeit die Geduld verlieren. Die Politik versucht es mit Appellen:

Banken sollten ihre Eigenkapitalquote spürbar erhöhen, da man bei einem Eigenkapitalanteil von in der Regel unter acht Prozent nicht das zehn- oder zwölffache an Krediten ausleihen kann, ohne hohe Risiken einzugehen.

- Sie sollten spekulative Geschäfte mit toxischen Schrottpapieren unterlassen und nicht mit Hedgefonds kooperieren.
- Sie sollten Einlagen der Sparer nicht länger dazu nutzen dürfen, spekulative Höchstrisikostrategien zu finanzieren.
- Sie sollten das normale Kundengeschäft vom Investmentgeschäft sauber trennen.
- Sie sollten Industrieunternehmen, insbesondere den Mittelstand, im gleichen Umfang mit Krediten stützen wie sie selber Geld vom Staat bekommen haben.
- Sie sollten die Bankkunden wissentlich nicht falsch beraten, nur um ihre Boni in exorbitante Höhen zu treiben.
- Sie sollten weder den Libor noch den Euribor – das sind Zinssätze, mit denen sich die Banken untereinander Geld leihen – manipulieren.
- Sie sollten keine höchstriskanten Aktienleerverkäufe tätigen.
- Sie sollten es vermeiden, möglichst hohe Boni anzustreben, weil dieses Verhalten zu Wagnissen verleitet.

• Sie sollten glauben lernen, dass sie ab sofort nicht mehr „too big to fail" sind, weil sie dann ohne staatliche Hilfe vom Markt verschwinden.

Diese „Zehn Gebote" stünden für eine Restrukturierung der Banken. Politik könnte ebenfalls rechtliche Grundlagen für eine Haftung der Banker schaffen. Schließlich bereichern sich die „Zocker" durch Spekulations-Geschäfte in Millionenhöhe, die der Realwirtschaft nicht dienen.

Die Finanz-Wirklichkeit beinahe zehn Jahre später: Keine Veränderung! Das zinslose Geld der Europäischen Zentralbank stellt man nicht Unternehmen zur Verfügung, sondern steckt es weiterhin in dubiose Kapital- und Rohstoffmärkte-Handel. Die skandalösen Erträge daraus sind höher – und die Boni dann auch. Da Banker nicht zu Vernunft und Bodenhaftung zurückkehren wollen, könnte nur der Staat ihnen ein enges Regelwerk verpassen. Die ursprünglichen Aufgaben der Banken: Die Wirtschaft mit Geld für Investitionszwecke versorgen, ehrliche Finanzierer kleiner und mittlerer Unternehmen sein. Dann würden Kunden den Banken wieder vertrauen.

14. Kapitel

Europa ist eine wunderbare Idee, nur sind die Völker längst nicht so weit. Sie werden eifersüchtig in die Töpfe der Nachbarn sehen und sich übervorteilt fühlen. Aus einem Europa befreundeter Staaten wird eine zänkische, missgünstige Großfamilie werden.

Vicco von Bülow
Deutscher Karikaturist, Schriftsteller, Regisseur und Schauspieler
(1923 – 2011)

Die Europäische Union (EU), der Euro und die Europäische Zentralbank (EZB)

Die Geschichte der Europäischen Union nach dem zweiten Weltkrieg vor 75 Jahren: etwa 17 Millionen Todesopfer nach 1918; 120 Millionen Tote waren nach 1945 zu beklagen. Die Nationen Westeuropas spürten die Notwendigkeit, näher zusammen zu rücken und in Frieden miteinander zu leben. Nie mehr Krieg, war die Devise. Mit der Bildung der Europäischen Gemeinschaft für Kohle und Stahl (EGKS) 1951 (Montanunion) nahm der Prozess um ein gemeinsames Europa Gestalt an. Zur Nutzung von Kohle und Stahl verbündeten sich Deutschland, Frankreich, Italien, die Benelux-Staaten. Diese erste politische Vereinigung funktionierte tadellos mit dem Austausch der beiden

Industriegrundstoffe. Bezahlt wurde, ohne Erhebung von Zöllen, in den jeweiligen Landeswährungen mit flexiblen Wechselkursen; war man sich handelseinig, rechnete man um.

Bereits sechs Jahre später erfuhr die Montanunion eine Erweiterung in der Gründung der Europäischen Wirtschaftsgemeinschaft (EWG). Dieser Zusammenschluss europäischer Staaten erfolgte zur Förderung der gemeinsamen Wirtschaftspolitik mit dem Ziel europäischer Integration. Wegen erweiterter Aufgabenstellung wurde 1993 die EWG in Europäische Gemeinschaft (EG) umbenannt. Der Vertrag von Lissabon löste 2009 die EG auf. Man hieß von da an Europäische Union (EU) – zunächst mit den sechs EG-Ländern plus Dänemark, Irland, Portugal, Spanien, Griechenland und dem Vereinigten Königreich. Heute (2020) bilden 27 Staaten die Europäische Union. Großbritannien ist mittlerweile ausgeschieden.

Die Einführung des Euro als Gemeinschaftswährung für die Eurozone: Die Handelsmodalitäten vor der Einführung des Euro verlangten weder aus wirtschaftlicher noch aus monetärer Sicht, das Währungssystem abzulösen. Auch wenn Frankreich und Italien mit ihren Weichwährungen und mehreren Geldabwertungen nie zufrieden waren; die Gründe hierfür lagen in Politik, Struktur, Gesellschaft und der geringeren volkswirtschaftlichen Ertragskraft in diesen Ländern. Häufige Regierungswechsel verhinderten dort Reformen, mit dem Ergebnis, dass die Deutsche Mark gegenüber den Währungen der anderen Mitgliedstaaten immer höher bewertet wurde.

Mitte der 90er Jahre im vorigen Jahrhundert kam Bewegung in die Thematik der deutschen Wiedervereinigung. Die Sowjetunion stand dem Zusammenschluss der Deutschen Demokratischen Republik (DDR) mit der Bundesrepublik positiv gegenüber, zumal alle von der Sowjetischen Regierung geforderten Zahlungen (unter anderen Bezahlung von mehr als 20.000 Wohnungen für die Rückkehr der in der DDR stationierten russischen Soldaten) erfüllt waren. Die westlichen Länder konnten sich mit der Wiedervereinigung der beiden deutschen Staaten anfreunden, mit Ausnahme Frankreichs. Die Franzosen bestanden auf einer Gegenleistung für ihre Zustimmung. Die französische Regierung beauftragte bereits 1988 den EG-Kommissionspräsidenten Jacques Delors (Frankreich), einen

Bericht für den französischen Staatspräsidenten Francois Mitterrand zu erstellen. Frankreich würde die von Deutschland angestrebte Wiedervereinigung nur erlauben, wenn eine neue Währungsunion geschaffen würde. Das künftige Geld solle Euro heißen. Auf diese Weise würde Frankreich seine marode Weichwährung Franc los. Nebenbei würde sich auch Italien mit der instabilen Lira über diese Lösung freuen.

Der damalige deutsche Bundeskanzler Helmut Kohl befand eine gemeinsame europäische Währung, eingetauscht für die deutsche Einheit, angemessen. Er stimmte zu, obwohl die sowjetische Besatzungsmacht schon zuvor ihr Einverständnis zur Wiedervereinigung gegeben hatte. Der Historiker Helmut Kohl gab die Deutsche Mark auf, ohne sich um die Meinung seines Volkes zu scheren. Die Deutschen hätten, wie Umfragen bewiesen, dagegen gestimmt. In Großbritannien, Dänemark, Schweden und Norwegen richteten die Regierungen Volksabstimmungen ein. Mit der bekannten mehrheitlichen Euro-Ablehnung.

Auch mit Bundesbank-Präsident Hans Tietmeyer hatte Kanzler Kohl es nicht nötig zu konferieren. Der Politiker gab sein Votum für die Währungsunion, ohne mit dem heimischen Währungshüter Rücksprache zu halten. Kohl setzte sich über das Bundesbankgesetz hinweg. Er war von keiner Institution legitimiert, der Währungsunion zuzustimmen.

Am 1. Januar 1999 war es dann so weit: Zuerst wurde der Euro als Buchgeld eingeführt und am 1. Januar 2002 kam das Euro-Bargeld dazu. Insgesamt waren 17 Länder bei der Gründung der Euro-Zone dabei. Neben Deutschland waren dies Belgien, Estland, Finnland, Frankreich, Griechenland, Irland, Italien, Luxemburg, Malta, Niederlande, Österreich, Portugal, Slowakei, Slowenien, Spanien und Zypern. Diese 17 Länder bildeten zusammen einen Währungsverbund mit 320 Millionen Menschen, die jetzt mit Euros bezahlten. Später traten Litauen und Lettland hinzu.

Bei der Aufnahme in die Euro-Zone mussten die Mitgliedsländer statistische Angaben zu ihrer Volkswirtschaft machen, wie Bruttosozialprodukt, Nettosozialprodukt, Volkseinkommen, Staatsverschuldung. Diese Angaben wurden ungeprüft übernommen! In den vereinenden Maastricht-

Verträgen verpflichteten sich die 19 Länder im Eurosystem, zur Stabilität des Euro beizutragen.

Zwei wesentliche Kriterien sollten Akzeptanz und Existenzsicherung des Euro untermauern, und so verpflichteten sich die Länder dazu: die jährliche Neuverschuldung auf maximal drei Prozent des Bruttoinlandsprodukts (BIP) zu begrenzen und einen Gesamtschuldenstand von maximal 60 Prozent des Bruttoinlandsprodukts einzuhalten.

Weder die größeren Industrienationen wie Deutschland, Frankreich oder Italien noch die kleineren Länder hielten sich an die eingegangenen Verpflichtungen, zumindest über viele Jahre hinweg. Von der EG-Kommission angedrohte Strafen wurden von den Ländern ignoriert. Von der EG-Kommission kam kein Druck zur Durchsetzung und schließlich wurden Sanktionen fallen gelassen.

Es war Griechenland, das beim Euro-Beitritt in statistischen Angaben außerordentlich schummelte –- man wusste das. Die verantwortlichen Politiker sahen es nach, denn man wollte die „Wiege der europäischen Kultur", wie Kanzler Kohl es formulierte, nicht ausschließen. Diese kulturelle Draufschau hat jedoch mit Geld und Wirtschaft nicht das Geringste gemein. Ein Kapitalfehler, wie sich später zeigte, mit negativen Auswirkungen auf den Euro und das Euro-Währungssystem bis heute. Die Stabilität des Euro ist wackelig, und dafür gibt es eine Reihe von Gründen:

Der Euro ist eine künstliche Währung, von Politikern gewollt, die sich in wirtschaftlichen und geldpolitischen Zusammenhängen nicht auskannten. Und zudem auch Ratschläge von Fachleuten nicht annahmen. So setzten sie auf teilweise undemokratische Art das neue Zahlungsmittel durch. Und: Das Euro-Währungssystem hat keine wirtschaftliche Basis, da die ökonomische Leistungsfähigkeit aller Mitgliedsländer deutlich unterschiedlich und die der meisten mangelhaft ist.

Die Politiker verstiegen sich in geld- und wirtschaftspolitischer Ignoranz zu dem Vergleich mit dem US-Dollar. Wenn der doch problemlos funktionierte und über eine hohe Akzeptanz verfügte, warum sollte das in Europa nicht möglich sein. Jedoch sind die USA eine politische Staatseinheit und Europa ein Staatenbund aus Nationen mit 19 jeweils eigenen Regierungen. Wie erwähnt, hält sich kein Land an die Maastricht-Kriterien. Vor 1999 mussten die Staaten ihre Finanzen möglichst schuldenfrei halten. Sonst verfielen die Währungen. Aktuell häufen sie Schuldenberge an oder lassen sich Geld von solventen Ländern transferieren.

Damit ist aus der Euro Währungsunion eine Transferunion geworden, die so nicht erlaubt ist. Portugal und Irland erhielten zum finanziellen Überleben gewaltige Summen und Griechenland fordert fortlaufend Hilfspakete. Schon 2015 – da war der Euro gerade einmal 13 Jahre alt – hat das Ifo-Institut in München errechnet, dass Griechenland in den nächsten zehn Jahren jeweils mehr als 50 Milliarden Euro pro Jahr an finanzieller Hilfe der anderen Euro-Mitgliedsländer benötigen würde.

Aus der Euro-Währungsunion ist längstens eine Schuldenunion geworden, mit vielfältigen Euro-Rettungsfonds und unterstützt von der Europäischen Zentralbank. Einzige Basis, auf der der Euro ruht, ist ein gigantischer Schuldenberg, auch hier mit kräftiger Unterstützung der Europäischen Zentralbank. Preisfrage: Wie lange wird es dauern, bis der Euro im Billionen-Schuldenberg verschwindet?

Der Euro und die Europäische Zentralbank (EZB): Die Gründung der EZB erfolgte überwiegend auf Betreiben der deutschen Bundesregierung. Man wollte von der Idee einer Zentralbank nach dem Muster der Bundesbank nicht lassen, ohne zu bedenken, dass die nicht übertragbar sein würde. Am 1. Januar 1999 übernahm die EZB mit Sitz in Frankfurt am Main die Verantwortung für die einheitliche Geldpolitik im Euro-Währungsgebiet, dem zweitgrößten Wirtschaftsraum der Welt nach den Vereinigten Staaten von Nordamerika. Nun ist diese Zentralbank zuständig für die Geldwertstabilität in 19 Mitgliedsländern. Zudem soll der EZB-Rat – bestehend aus den sechs Mitgliedern des Direktoriums und den Gouverneuren der Nationalen Zentralbanken – eine Vielzahl weiterer Wirtschafts- und Finanzindikatoren beobachten und analysieren, da sie kurz- und mittelfristig die Preisentwicklung beeinflussen, zumindest nach Ansicht der EZB. Aus diesem Konstrukt ergibt sich, dass es das vorrangige Ziel der EZB ist, Preisstabilität zu gewährleisten. Die Gesetzgeber haben jedoch keine Definition für Preisstabilität im EU-Vertrag vorgesehen.

Der EZB-Rat formuliert: „Preisstabilität wird definiert als Anstieg eines Verbraucherindexes für das Euro-Währungsgebiet von unter zwei Prozent gegenüber dem Vorjahr.“ Bei der Frage, wie dieses Ziel zu erreichen sei, lässt sich trefflich streiten, insbesondere wegen zahlreicher Imponderabilien wie Wachstum, Schaffung von Arbeitsplätzen, Lohnpolitik der Gewerkschaften, saisonale Einflüsse auf die wirtschaftliche Entwicklung, Änderungen in der Wirtschaftsstruktur, staatliche Eingriffe in den Wirtschaftsablauf, technischer Fortschritt – Stichwort Digitalisierung – und die immer wiederkehrenden kurz-, mittel- und langfristigen Konjunkturschwankungen.

Das hat die EZB auch verstanden. Aus ihrem Vorwort zum Informationsbuch „Die Geldpolitik der EZB“: „Eine angemessene Geldpolitik in einem unsicheren Umfeld zu betreiben, ist eine Herausforderung für jede Zentralbank. Unsicherheiten über die wirtschaftlichen Beziehungen und mögliche Änderungen in der Wirtschaftsstruktur werden in einem neuen und vielschichtigen Währungsraum besonders deutlich.“

Addiert man diese Unsicherheiten zu den – teilweise falsch – angegebenen Kriterien beim Euro-Beitritt sowie die Nichteinhaltung der Maastricht-Kriterien, ergibt sich dann ein undurchschaubares Konvolut von nicht quantifizierbaren negativen Beziehungsgrößen. Eine statistische Erfassung ist so unmöglich wie deren Auswertung.

Da war die Bundesbank mit ihrem geldpolitischen Instrumentarium doch anders aufgestellt. Sie verfügte über vier geldpolitische Werkzeuge, die der Preisstabilität dienten. Mit der Diskontpolitik – Kauf und Verkauf von Wechseln zu einem von der Bank festgelegten Zinssatz – steuerte sie die Kreditvergabe über die Banken. Sollte das Geldvolumen gedrosselt werden, wurde der Zinssatz erhöht, mehr Geld ergab sich aus der Senkung. Null-Zins war keine Option; damit lässt sich nichts mehr regulieren. Mit der Lombardpolitik unterstützte die Bundesbank die Zinspolitik. Der Lombardsatz, eins bis zwei Prozentpunkte über dem Diskontsatz, gewährte Kreditinstituten festverzinsliche Darlehen gegen Verpfändung von Wertpapieren. Als weiteres Instrument der Geldmengenregulierung stand der Bundesbank die Offenmarktpolitik zur Verfügung. Darunter verstand man den

Kauf und Verkauf von Wertpapieren durch die Bundesbank auf eigene Rechnung.

Mit der Mindestreservepolitik schloss sich der Kreis des geldpolitischen Instrumentariums der Bundesbank. Zur Beeinflussung des Geldumlaufs und der Kreditgewährung konnte die Bundesbank verlangen, dass die Kreditinstitute Mindestreserven bei ihr unterhielten. So ist es jedenfalls in § 16, Bundesbankgesetz, geregelt. Das beste geldpolitische Instrumentarium hätte nichts bewirkt, wenn es nicht, je nach Konjunkturlage, zielorientiert genutzt worden wäre.

Wie einfach agiert da die EZB mit der lockeren Geldpolitik: Monatlich kauft sie für 60 Milliarden verlustreiche Staatsanleihen und andere dubiose Papiere. Die Käufe der EZB summieren sich bis zum Ende des Jahres 2020 auf knapp 3,5 Billionen Euro. Rechtswissenschaftler Dietrich Murswiek zeichnet das in ein Bild mit Geldstapeln, die einen 450 Kilometer hohen Turm aus 500er Scheinen bilden. Damit ist man sehr weit draußen im Weltall, astrophysisch und ökonomisch zugleich.

Ist das noch Geldpolitik zur Wahrung der Preisstabilität – eine Aufgabe, die der EZB vorrangig obläge – oder bereits verbotene Haushaltsfinanzierung der Staaten? Bundesgerichtshof und Europäischer Gerichtshof sind aktuell mit diesem Problem befasst. Beide Gerichte werden sich schwer tun, die leichtsinnige Geldpolitik der EZB zu sanktionieren. Die mächtig entwickelte Institution EZB ist zum politischen Faktor geworden und agiert im rechtsfreien Raum. Die Ankäufe von Anleihen und weiteren Papieren in Billionenhöhe wird der EZB zur selbst gestellten Falle. Die Papiere brächten die Geldmärkte zum Zusammenbruch, sollte die EZB die Absicht haben, sie auf die Finanzmärkte zu werfen. Würde die EU nach einer Reformierung eine ähnlich hohe Akzeptanz erfahren wie ihre Vorgängerin, die Europäische Wirtschaftsgemeinschaft (EWG)?

15. Kapitel

Sicher ist, dass wir ohne den geplanten Rettungsschirm den Euro nicht verteidigen können. Die nächste Krise wäre dann nicht mehr nur eine Krise des Finanz- und Wirtschaftssystems, sondern auch eine Krise des politischen Systems.

Bundesfinanzminister Wolfgang Schäuble, Interview mit Frankfurter Allgemeine Sonntagszeitung am 23. Mai 2010

Erster Ausblick: Benötigt die Europäische Union die EZB oder Wie geht es besser?

Wirtschaftswissenschaftler im In- und Ausland sind der festen Überzeugung, dass die europäische Einheitswährung Euro Europa ins finanzielle und politische Chaos stürzen wird. Der amerikanische Ökonom und Nobelpreisträger Joseph Stieglitz schließt sich dem Kreis der Euro-Kritiker an. Wie es mit dem Euro heute steht, hängt unmittelbar mit der Europäischen Zentralbank (EZB) zusammen, wie die folgende Schwachstellen-Analyse zeigt. Diese Gemeinschaftsbank ist nicht nur eine Fehlkonstruktion, sondern auch der Brandbeschleuniger einer zu erwartenden hohen Inflation.

Die Stimmenverteilung im EZB-Rat – derzeit 23 Mitglieder, sechs Mitglieder des Direktoriums und 17 Präsidenten der Nationalen Zentralbanken – sorgt dafür, welche Geldpolitik man bevorzugt. Jedes Mitgliedsland hat eine Stimme und die

Entscheidungen werden mit einfacher Mehrheit getroffen. Derzeit liegt die Mehrheit bei zwölf Stimmen. Gerne würde man wissen, wie im EZB-Rat diskutiert und abgestimmt wird, und ob der Zugang zu den EZB-Dokumenten gewährleistet ist. Dazu die EZB: „Der Zugang zu einem Dokument wird nicht gewährt, wenn seine Verbreitung aus Gründen der Vertraulichkeit der Aussprachen der Beschlussorgane der EZB dem öffentlichen Interesse entgegenstünde. Die Geheimhaltung solcher und verwandter Dokumente wird höchstens für 30 Jahre gewährleistet. Die Gründe für die Geheimhaltung solcher Dokumente haben Vorrang vor dem Interesse der Öffentlichkeit an Informationen."

Das lässt die EZB maximal unabhängig agieren; demokratische Transparenz sieht anders aus. Und das öffentliche Interesse? Muss sich über „ausführliche" Informationen der Sitzungsergebnisse ihrer Beschlussorgane freuen. Einmal also soll und muss aus Vertraulichkeitsgründen die Geheimhaltung 30 Jahre lang gewährleistet sein. Dann jedoch wird doch die Öffentlichkeit unterrichtet! So etwas nennt man verwirrende Irreführung.

Ein Hintertürchen gibt's: „Anträge auf Zugang zu den EZB-Dokumenten sind an die Generaldirektion Sekretariat und Sprachendienste der EZB zu richten, die die Archive der EZB verwaltet. Bei Ablehnung eines Antrags kann das Direktorium angerufen werden. Lehnt die EZB einen Antrag endgültig ab, können gemäß Artikel 195 beziehungsweise 230 des EG-Vertrags der Europäische Bürgerbeauftragte und der Gerichtshof angerufen werden." Ein langer Weg mit viel Geheimhaltung. Was hat dieser Banker-Bund zu verschleiern oder zu verstecken? Es geht doch nur um Preisstabilität! Ein solch demokratiefeindliches Organ brauchen die europäischen SteuerzahlerInnen, von denen die EZB lebt, nicht.

Diskrepanz zwischen Kapitalbeteiligung und Stimmenverteilung bei der EZB: Um einmal darzustellen, welche Diskrepanz zwischen der Beteiligung am Kapital der EZB und der gleichmäßigen Stimmenverteilung besteht, nachfolgende Tabelle:

Staaten	Beteiligung am EZB-Kapital in Prozent
1. Malta	0.0647
2. Zypern	0.1300
3. Luxemburg	0,1568
4. Estland	0,1784
5. Lettland	0.2978
6. Slowenien	0.3345
7. Litauen	0,4425
8. Slowakei	0.7147
9. Irland	0,9219
10. Finnland	1,2887
11. Ungarn	1,3884
12. Portugal	1,7653
Insgesamt	7,6837

Die Bundesrepublik Deutschland ist mit 21,1364 Prozent am EZB-Kapital beteiligt. Deutschlands Beteiligung am EZB-Kapital beträgt folglich das 2,75-fache aller hier aufgelisteten zwölf Länder. Politisch bedeutet das, dass alleine die zwölf schwächsten von den insgesamt 23 Ländern jederzeit in der Lage sind, jeden Vorschlag des Präsidenten der Deutschen Bundesbank (eine Stimme) zu torpedieren.

Um einen weiteren Vergleich zu ziehen, wie unverhältnismäßig die Stimmenverteilung ist, ein Blick auf die nachstehende Tabelle:

Staaten	Beteiligung am EZB-Kapital in Prozent
1. Deutschland	21,1364
2. Frankreich	14,8712
3. Italien	13,0516
4. Spanien	7,7758
Insgesamt	56,8350

Die wirtschaftlich vier bedeutendsten Länder der Euro-Zone halten knapp 57 Prozent der EZB-Kapitalbeteiligung, verfügen aber nur über vier Stimmen von insgesamt 23. Geldpolitisch betrachtet bedeutet das, dass die schwächsten Länder jeden Vorschlag der vier größten Volkswirtschaften ablehnen und jederzeit für eine Finanzpolitik zu ihren Gunsten stimmen können. Als denkbarer neuer Maßstab könnte das Bruttoinlandsprodukt (BIP) der Mitgliedsländer herangezogen werden.

Ohne eine Neuaufteilung der Stimmen ist eine sichere Geldpolitik nicht möglich. Bisherige Entscheidungen mit weitreichenden negativen Folgen beweisen das deutlich. Die EZB reißt immer mehr Aufgaben an sich: Kein Land innerhalb der Währungsunion sollte für die Schulden anderer Mitgliedsländer haften. Auf besonderen Wunsch der deutschen Delegation bei den Währungsgesprächen und um die Sorge Deutschlands zu zerstreuen, zum Zahlmeister zu mutieren, wurde die sogenannte Nichtbeistandsklausel -- auch unter der Bezeichnung „no bail out" bekannt – in den Vertrag aufgenommen. Die Klausel hat man seither fortlaufend umgangen. Eine Vorgehensweise, die vom höchsten deutschen Gericht begleitend sanktioniert wurde.

Spätestens bei den Entscheidungen zu den Euro-Rettungsschirmen hätte das Bundesverfassungsgericht (BVG) die Möglichkeit gehabt, die in den Verträgen expressis verbis ausgeschlossene Vergemeinschaftung von Schulden und der damit einhergehenden Ausschaltung nationaler Budgethoheit der Parlamente in klaren Urteilen festzulegen. Stattdessen zog es in seinen Urteilen so etwas wie „eine rote Linie" beim Umfang der Rettungsschirme und forderte auch die Einbindung des Parlaments bei der Verabschiedung weiterer Rettungsschirme.

Wegen ständiger Schuldenzuwächse zeigte sich das deutsche Parlament zunehmend zurückhaltend und signalisierte Ablehnung gegenüber weiteren Rettungsschirmen. In dieser für die Regierung prekären Situation witterte die EZB ihre Chance, sich als Haftungsorgan einzurichten. Diese Rolle war ihr bei Gründung und auch später nicht zugeteilt. Als „Haftungsorgan" tritt die EZB an die Stelle der Regierungen, denen es nicht erlaubt ist, für die Schulden anderer einzutreten. Ein Machtzuwachs, der bei der Gründung nicht vorgesehen war.

Welche Erfolge kann die EZB in Bezug auf das Fach Preisstabilität vorweisen? Auf die Jahre 2011 und 2012 bezogen sind die Ergebnisse nicht berauschend. Im Jahr 2011 betrug die Inflationsrate 2,7 Prozent, ein Wert, der um 35 Prozent höher liegt als der vorgegebene. Ein Jahr später ist das Ergebnis mit 2,5 Prozent nicht besser ausgefallen.

Die EZB-Notenbanker scheinen vergessen zu haben, dass sie sich an erster Stelle um die Stabilität der Preise und des Euro kümmern sollten. Die schlechten Abschlüsse 2011 und 2012 scheinen sie nicht zu beunruhigen. Derzeit beträgt die Inflationsrate nur minus 0,2 Prozent. Die Politiker setzen die Bankangestellten zu Staatenschützern und Finanzmarkt-Bändigern ein. Überforderungen an eine Bank, für welche die SteuerzahlerInnen haften.

Der damalige EZB-Präsident Mario Draghi verkündete in London, die Bank werde in *unbegrenztem Umfang (!)* Staatsanleihen von Irland, Portugal, Spanien, Italien, Zypern und selbstverständlich Griechenland und weiterer Staaten aufkaufen, mit dem Ziel, den Euro zu schützen. Ein solches Anleihe-programm gehört nicht zum Aufgabenbereich der EZB. Mit unbegrenztem Aufkauf von Schrottanleihen ist nämlich die Nichtbeistandsklausel mittelbar durch die EZB außer Kraft gesetzt.

Das aus dieser Politik zu erwartende Szenario beurteilt Gunnar Beck, Professor für Europa-Recht an der University of London, folgendermaßen: „Die jüngste Politik der EZB gefährdet die Budgethoheit, weil die möglichen Verluste der Zentralbank in letzter Instanz von den Euro-Mitgliedern getragen werden müssten. Dies würde Regierungen dazu zwingen, Ausgaben zu senken, Steuern zu erhöhen oder Verluste weg zu inflationieren." Beck rechnet mit einem Anstieg der Inflation, was zur Enteignung des Mittelstands führen werde, wo die Staatsschulden wegen des hohen Haftungsanteils Deutschlands am deutlichsten steigen dürften. Mit einer düsteren Prognose zur Lebensdauer des Euro äußert sich der Europa-Rechtler so: „Der Euro, soviel scheint klar, wird überleben, bis Deutschland ruiniert ist."

Die EZB flutet mit Billiggeld die Finanzmärkte: Bei einem Zinssatz von Null-Prozent – im März 2013 waren es wenigstens noch 0,75 Prozent – können sich die Geschäftsbanken bei der EZB refinanzieren. Man hört, die EZB verlange keinerlei Nachweis über den Verbleib dieser Kredite. Jede Geschäftsbank verlangt bei Kreditgewährung an Privatkunden den Nachweis über die Verwendung des Geldes: Hausbau, Wohnungskauf, Instand-setzungen, Autokauf oder Kredit, Taschengeld fürs Münchner Oktoberfest.

Falls für die EZB-Gelder, wie verlautet, kein Nachweis über den Verbleib der Gelder verlangt wird, kann das zur Folge haben, dass Banken das EZB-Geld bei Geschäften mit Hedgefonds höchst risikoreich anlegen, deutlicher: verzocken. EZB-Geld besteht aus Steuereinnahmen und die verlangen einen seriösen Umgang.

Kontrollfunktion der EZB über die Geldhäuser seit 2014: Im Jahr 2012 haben die Regierungschefs der Europäischen Union die grundsätzliche Entscheidung getroffen, dass ab 2014 die EZB alle systemrelevanten und auch alle anderen Geldhäuser kontrollieren soll. In Deutschland sind das in einem Fall Großbanken wie Deutsche Bank, DZ-Bank, Commerzbank und Landesbanken, und im anderen Fall alle kleineren Geldinstitute wie Sparkassen, Raiffeisenbanken, Volksbanken, Sparda-Banken und viele andere.

Die Problematik dabei: Zur Bankenaufsicht überwachten früher die Finanz-Dienstleistungsaufsicht (BaFin) und die Bundesbank die Geldhäuser. Obwohl beide Organe formell unabhängig sind, untersteht die BaFin der Rechts- und Fachaufsicht durch das Finanzministerium. Deshalb muss die BaFin das Finanzministerium über alle aufsichtsrechtlichen Vorgänge informieren.

Mit der Übertragung der Kontrollkompetenzen im Jahr 2014 auf die EZB haben Bundesregierung, Bundestag und Bundesrat ihren Einfluss auf die Kreditinstitute verloren. Das Finanzministerium schuldet in Aufsichtsfragen keine Rechenschaft mehr. Was bleibt dem Bundestag noch, um sich zu informieren? Er kann gegenüber der EZB als Bittsteller auftreten, und es wird ihm genau so ergehen wie dem EU-Parlament, das auch keine Rechte mehr haben wird. Der Finanzexperte der SPD-Fraktion, Carsten Schneider, meint dazu: „Das ist der größte Souveränitätstransfer seit Einführung des Euro."

Wie gefährlich und unsinnig die Kompetenzabtretung an die EZB ist, kann man an nachstehenden Aspekten ablesen: Die EZB erhielt eine weitere Aufgabe, für die sie nicht gegründet wurde, da ihre erste Aufgabe die Gewährleistung der Geldwertstabilität des Euro ist. Die Gefahr eines latent vorhandenen Interessenkonflikts ist manifest: Schließlich soll die EZB Banken beaufsichtigen, mit denen sie zugleich Geldgeschäfte betreibt.

Die EZB wird von niemandem außer dem Europäischen Gerichtshof demokratisch kontrolliert. Im Extremfall muss der Bundestag für Kosten einer Bankabwicklung geradestehen, die die EZB angeordnet hat, ohne dass das Parlament das Recht hatte, Unterlagen anzufordern (vgl. Bittsteller)! BaFin und Bundesbank haben keine Überwachungsfunktion mehr.

Der EZB kann die Umstellung recht sein, wird sie dadurch doch allmächtig. Dabei hätte die EZB mit der Sicherung der Preisstabilität schon eine anspruchsvolle Anforderung. Als Aufsichtsorgan ist sie restlos überfordert, schafft sie doch nicht einmal ihre Kernaufgaben.

EZB, die Notenpresse und die Inflation: Zu den ältesten Tricks der Geldpolitik gehört der Griff zur Druckerpresse. In der heutigen Zeit müssen deswegen keine papierenen Banknoten mehr bedruckt werden. Das Geld entsteht „virtuell", ohne von jemandem verdient worden zu sein. Es wird in die Bilanz als Eigenkapital eingestellt. Künstlich geschaffenes Geld wird genauso bewertet wie von Menschen erarbeitetes. Warum musste die EZB die Notenpresse anwerfen? Ja, weil sie zu wenig Geld besitzt! Die Bilanz der EZB hat keine Aussagekraft über die Geldpolitik im Euro-Währungsgebiet. Dafür ist – nach eigenen Angaben der EZB – die konsolidierte Bilanz für das Eurosystem die relevante Größe. In der Eurosystem-Bilanz ist ersichtlich, dass Eigenkapital und Rücklagen – Stand März 2013 – mit 86 Millionen ausgewiesen wurden. Die Gold- und Nettofremdwährungsposition beläuft sich insgesamt auf etwa 653 Milliarden Euro. Da weder Gold- noch Devisenbestände kurzfristig in liquide Mittel durch Verkauf umgewandelt werden können, verfügt die EZB im Ernstfall über 86 Millionen Euro gegenüber mehreren Billionen Euro Verbindlichkeiten. Eine sichtbar ungesunde Relation zwischen Eigenkapital und Schulden. Bei den Geschäftsbanken fordert man eine Relation von eins zu acht als sichere Größenordnung. Fazit: Die EZB ist hoffnungslos unterfinanziert.

Zur Erinnerung: Die EZB ist angetreten und wollte einen starken Euro etablieren. Sie wollte autark sein und sich von der Politik nicht reinreden lassen. Gute Vorsätze, die nie eingehalten wurden. Der Europa-Rechtler Gunnar Beck im Zusammenhang mit der Euro-Rettung: „Nationale Regierungen, Gerichte, die EU-Kommission, der Rat und auch die allmächtige EZB sind alle willige Kollaborateure geworden in der ungesetzlichen Euro-Rettung."

Ex-EZB-Chef Mario Draghi tönte verantwortungslos sinngemäß: „Ich werde eine Menge Geld drucken und so den Euro stark machen. Und glauben Sie mir, es wird ausreichend sein." Nein, er schwächte den Euro, um ihn kurzfristig zu retten. Bei der exorbitanten Unterfinanzierung der Eigenkapitaldecke ist die EZB in Schieflage geraten. Ist zum Beispiel Griechenland pleite – was de facto zutrifft – dann ist es die EZB gleich mit. Damit ist die EZB auf Gedeih und Verderb einer Rettung Griechenlands ausgeliefert. Selbst ein Schuldenschnitt würde die Bank niederstrecken. Deshalb also ist die Rettung Griechenlands so wichtig. Mario Draghi verlängerte die Euro-Lebensdauer kurzsichtig mit der gigantischen „virtuellen Notenpresse" und heizte die Inflation zusätzlich an.

„Wenn Gerichte beschließen, klare und präzise Regeln oder ihre vorherigen Entscheidungen zu ignorieren, um die Politik von Regierungen zu rechtfertigen, wird Rechtsprechung zu Politik und der Rechtsstaat existiert nicht mehr" (Gunnar Beck).

Das trifft in besonderem Maß auf das Bundesverfassungsgericht (BVG) zu. Es wurde angerufen, um darüber zu befinden, ob die unbegrenzten Aufkäufe von Staatsanleihen der EZB rechtlich zulässig seien. Man muss kein Prophet sein: Das Gericht wird mit fadenscheinigen Argumenten auch diese EZB-Transaktionen für rechtens erklären.

Kritiklos darf man die Einstellung des Bundesverfassungsgerichts nicht hinnehmen. So maßen sich Richter an, der EZB neue Aufgaben zuzuweisen? Es wäre zu hoffen, dass das Bundesverfassungsgericht sich nicht länger in Angelegenheiten einmischt, für die es nicht zuständig ist. Fakt ist, dass in der Wirtschaftskrise der Rechtsstaat zunehmend ausgehebelt wird. Wie und in welchen Staaten will die Leitung der EZB die einmal verliehenen Gelder wieder einsammeln? Wer hätte eine Antwort darauf?

Die Geschichte der EZB ist eine Ansammlung von Pleiten in Verbindung mit Kapitalvernichtung. Mit ihrer Nullzins-Politik und den unbegrenzten Aufkäufen von Schrottanleihen hat die EZB alle Märkte ruiniert:

- Sie hat die deutschen Sparer um Milliardenbeträge enteignet, die für ihre Ersparnisse keine Zinsen mehr bekommen.
- Sie hat den Markt der Lebensversicherer und der Bausparkassen ruiniert, die ihre Kundeneinlagen nicht mehr verzinsen können.
- Sie hat im Fall der Lebensversicherungen die Altersvorsorge zahlreicher Menschen gefährdet.
- Sie hat das gesamte Geld- und Kreditwesen aus seiner stabilen Ordnung gehebelt.
- Sie hat völlig versagt bei ihrer wichtigsten Aufgabe, nämlich der Erhaltung der Geldwertstabilität des Euro.
- Mit dem Aufkauf von Anleihevolumen bis zu 70 Prozent aller ausgegebenen Papiere einer Emission hat sie den Markt für Anleihen ruiniert. Für private Anleger bleibt kaum noch eine Anlagemöglichkeit auf diesem Markt.

Gunnar Beck: „Unter Draghi orientierte sich die EZB an den Interessen der US-Finanzindustrie und nicht am Recht und Wohl Europas. Die unmittelbare Bedrohung für Rechtsstaat, Demokratie und unsere Volkswirtschaft kommt … aus der Spielhölle am Main und … ihrem Erfüllungsgehilfen der Wall-Street."

Ex-EZB-Chef Mario Draghi hat bei seinem früheren Arbeitgeber, der Goldman Sachs-Bank, das Schuldenmachen gelernt. Die hat mit dem Handel obskurer Wertpapiere von zweifelhafter Qualität 2008 zur gefährlichsten Finanzkrise maßgeblich beigetragen.

Seit November 2019 hat Mario Draghi, der Schuldenmacher, die EZB verlassen. Neue Chefin ist die französische Juristin Christine Lagarde, frühere Chefin des Internationalen Währungsfonds (IWF). Kaum jemand glaubt, dass sie die richtige Qualifikation für die Führung der EZB mitbringt. Ähnlich wie ihr Vorgänger kauft Christine Lagarde Anleihen von schwächeren EU-Staaten, die diese niemals werden zurückzahlen können. (Ganz besonders Anleihen von Spanien, Italien, Griechenland und anderen EU-Staaten ohne Haushaltsdisziplin.) Mit ihrer lockeren Geldpolitik geht sie noch weiter: Der EZB-Rat behalte es sich vor, unter bestimmten Voraussetzungen auch faule Kredite, sogenannte „Junk-Bonds" zu erwerben. Dabei geht es um Anleihen, die stark ausfallgefährdet sind. Anfang Juni 2020 hat die EZB-Chefin in Zusammenhang mit der Corona-Pandemie Nothilfen von zunächst 600 Milliarden Euro auf 1,35 Billionen Euro aufgestockt. Dieses Krisenprogramm bezeichnet sie als eine „Wiederaufbauhilfe", eine unglückliche Formulierung. Von Wiederaufbau wie nach einem Krieg kann doch keine Rede sein.

16. Kapitel

Die Einigung Europas mit den bisherigen Methoden gleicht dem Versuch, eine Omelette zu backen, ohne die Eier zu zerschlagen.

Paul Lacroix,
Schriftsteller und Journalist
(1806 - 1884)

Zweiter Ausblick: Gründe, die EU neu aufzubauen

Ein europäischer Neubeginn ist dringend erforderlich. Mit ihren 27 wirtschaftlich disparaten Ländern hat sich die Europäische Union (EU) überfordert. Sie verfiel dem Irrglauben, dass Größe wichtiger sei als passende Qualität der Mitglieder. Hinzu kommt, dass die Kluft zwischen BürgerInnen und europäischen Institutionen immer größer wird. Europa-Verdrossenheit ist allenthalben spürbar. Mit der Begeisterung für Europa ist es nicht weit her. Alle fünf Jahre wählt man das Europäische Parlament. Im Mai 2014 waren rund 400 Millionen BürgerInnen aufgerufen, an der Europawahl teilzunehmen. Die Wahlbeteiligung lag in Deutschland bei 48,1 Prozent (2009: 43,3 Prozent), europaweit lag die Wahlbeteiligung bei 43,09 Prozent (2009: 43 Prozent). Nicht einmal die Hälfte der Wahlberechtigten nahm die europäische Aufgabe wahr. Die Menschen in der Europäischen Union erkennen die Effizienz von mehr als 50 000 Beamten und Angestellten in der EU nicht und wundern sich oft über deren skurrile Reglementierungsvorschläge. So zeigt die Erfahrung, dass die vielen EU-Bürokraten nicht für die komplexe Führungs-Aufgabe geeignet scheinen.

An allen großen Aufgaben ist die EU gescheitert, oder sie hat sie erst gar nicht angepackt.

Beispiele:

Das Ziel, eine europäische Armee zur Selbstverteidigung aufzustellen, wurde nie erreicht. Nicht einmal ernsthaft denkt man darüber nach. Gleiches gilt für eine gemeinsame und einheitliche Finanz- und Fiskalpolitik.

Eine gemeinsame Arbeitsmarktpolitik ist nicht geplant.

Das Flüchtlingsdesaster der EU ist unübertroffen. Verteilungsversuche auf Mitgliedsländer funktionieren nicht. Polen, Ungarn, Tschechien und die Slowakei weigern sich strikt, Flüchtlinge aufzunehmen. Da stimmt die Androhung von EU-Strafen niemanden um.

Dass die Gemeinschaftswährung der Länder im Euro-Raum schon mehrfach mit Milliardenbeträgen gerettet werden musste, zeigt, dass der Euro alles andere als ein Glanzstück der EU ist.

Aber die Menschen wollen wissen, wie die gemeinsame Währung funktionieren soll, wenn ihr die politische Basis fehlt. Im Oktober 2016 vertrat der damalige Italien-Premier Matteo Renzi die Meinung, die Europäische Union müsse „von Grund auf" erneuert werden. Damit hat er den Nagel auf den Kopf getroffen.

Die EU befindet sich nicht erst seit dem Austritt Großbritanniens (Brexit) in einer Sinnkrise. Sie war es schon vorher. Bei der Abstimmung über den Austritt Großbritanniens beteiligten sich die jungen Leute kaum. Auch die hiesige Jugend interessiert sich nur peripher für ein gemeinsames Europa. Man findet die Reise-Freiheiten bequem und fein. Die wirtschaftlichen Zusammenhänge sind kaum zu vermitteln. Da aber jedes der 27 Mitglieder wirtschaftet, so gut oder so schlecht es kann, läuft es häufig auf Transferleistungen hinaus – wenn nötig über Jahre. So ist aus der Währungsunion eine Transferunion geworden.

Die gescheiterte Union neu konstruieren? Ein Vorschlag: Deutschland müsste Frankreich die Vertrauensfrage stellen, ob es als gleichberechtigter Partner bereit wäre, gemeinsam ein neues Europa aufzubauen. Würde diesem Projekt zugestimmt, dann entstünde eine neue deutsch–französische Allianz, um die sich andere beitrittswillige Länder gruppieren könnten; vielleicht Italien, Spanien und die Benelux-Staaten. Dabei ist sicher, dass sich das Europa von morgen mit verschiedenen Geschwindigkeiten seiner Länder entwickeln müsste, ohne deutsche Dominanz. Da die europäischen Völker das Gefühl haben, dass Europa ohne sie gebaut wurde, könnte ein künftiges Europa in allen Ländern per Referendum abgesichert werden. Nach gründlicher Vorbe-reitung.

Gleiches gälte für eine weitere gemeinsame Währung, an der wirtschaftlich stark divergierende Länder keinen Anteil haben dürften. Ein gesplitteter Euro in Euro-Nord und Euro-Süd führt möglicherweise nicht direkt zum Ziel, ist aber dennoch diskussionsfähig. Das könnte Dein Weg sein, Europa!

17. Kapitel

Ohne Frauen geht es nicht. Das hat sogar Gott einsehen müssen.

Eleonore Duse, Schauspielerin (1858 - 1924)

Gleicher Lohn für Frauen und Männer

Vor dem Kapitel mit Überlegungen zu einer gerechten Einkommensverteilung fordert die Logik eine zwingende Analyse zur Reduzierung der Lohnlücke zwischen Frauen und Männern. Noch besser als Reduzierung: Schnelle Beseitigung des Gender Pay Gap, dem Abstand zwischen der Entlohnung der Frauen und der Männer. Dabei ist „Lohnlücke" ausreichend, um den Sachverhalt zu beschreiben, dass Frauen bei gleicher Ausbildung, gleicher beruflicher Erfahrung, gleich langer Arbeitszeit genau so viel verdienen müssten wie Männer. Es ist ja keineswegs so, dass der Anteil der Frauen auf dieser Welt zu übersehen wäre. Derzeit gibt es 3,82 Milliarden Frauen und 3,89 Milliarden Männer auf der Erde. Die Frauen sind keine Minderheit, sondern stellen die Hälfte der Weltbevölkerung.

Wie sieht die Lohnlücke zwischen Frauen und Männern derzeit aus? Nach Angaben des Statistischen Bundesamts verdienen Frauen in Deutschland 21 Prozent weniger als Männer. Im Jahr 2018 sahen die Zahlen so aus: Frauen erhielten durchschnittlich 17,09 Euro brutto pro Stunde, Männer kamen auf 21,70 Euro. Die Differenz von 4,51 Euro stellt eine durchaus signifikante Größenordnung dar. Um es in Arbeitszeit zu verdeutlichen, errechnet sich, dass Frauen im Jahr 2020 im Vergleich zu Männern 77 Tage umsonst arbeiteten, also von Jahresbeginn an bis zum 17. 03. 2020. Deswegen trägt dieses Datum die Bezeichnung Equal Pay Day.

Es gibt sicherlich eine Reihe von Ursachen, warum die Gehälter von Frauen niedriger sind als die von Männern, aber bei genauer Betrachtung liegt kein Grund vor, der einer sachlichen Prüfung standhielte. Vor allem darf festgestellt werden, dass keine der Ursachen im Einflussbereich der Frauen selbst liegt. Das gilt auch für den immer wieder zitierten Mythos, Frauen würden sich in Lohnverhandlungen nicht sehr geschickt anstellen. Ungerechte Löhne liegen bei Fehlern im wirtschaftlichen System. Ein System der sozialen Marktwirtschaft muss verkraften, dass der Staat Gesetze erlässt, die Ungerechtigkeiten bei der Entlohnung von Frauen und Männern verbietet.

Wenn auch nicht immer genau festzustellen ist, was gerecht sein soll, aber eines ist ungerecht: Ein realer Lohnunterschied von 21 Prozent!

Der Erlass von Gesetzen mit dem Inhalt, Lohngleichheiten zwischen Frauen und Männern herzustellen, hat deswegen – wie oftmals behauptet wird – nichts mit Dirigismus oder staatlicher Planwirtschaft zu tun. Um in der beruflichen Praxis der Lohngleichheit zwischen Frauen und Männern einen großen Schritt näher zu kommen, wäre ein künftiges wirksames Lohntransparenzgesetz erforderlich.

Oft wissen in Deutschland Frauen nicht, ob sie bei Lohn / Gehalt benachteiligt werden. Um diese Diskriminierung zu vermeiden, ist es unerlässlich, dass Frauen wissen, wieviel die Männer im gemeinsamen Unternehmen verdienen, denn nur dann können sie in Gehaltsgesprächen gleiche Gehälter wie die der Männer einfordern.

Es gibt in Deutschland ein Entgelttransparenzgesetz. Beschäftigte in Unternehmen mit mehr als 200 MitarbeiterInnen können Auskunft über die Gehälter von KollegInnen in vergleichbaren Positionen verlangen und auch Auskunft darüber, nach welchen Kriterien das eigene Gehalt bemessen wird. Das Gesetz ist für Arbeitnehmerinnen selten anwendbar, da viele kleine Unternehmen von der Lohnauskunftspflicht ausgenommen sind, oder – was auch häufig der Fall ist – es gibt nicht genügend Männer in vergleichbaren Berufen. Absoluter Schwachpunkt des Entgelttransparenzgesetzes: Es sieht keine Sanktionen vor.

Ein Blick ins Ausland zeigt, dass es auch anders geht. Island hat das schärfste Transparenzgesetz weltweit. Isländische Unternehmen verpflichtet das Transparenzgesetz zu beweisen, dass sie Frauen und Männer gleich bezahlen oder nachweisen, dass es echte Gründe für Gehaltsunterschiede gibt. Der Staat hat in dem Gesetz die Unternehmen verpflichtet, objektive Kriterien für berufliche Leistungen festzulegen. Und, anders als in Deutschland, drohen bei Verstößen gegen das Gesetz Bußgelder.

Eine Anlehnung an Großbritannien wäre auch ein gangbarer Weg zur Beseitigung der Lohnlücke. Dort werden Unternehmen verpflichtet, ein firmeneigenes Gender Pay Gap zu veröffentlichen. Diese Verpflichtung stellt ein wichtiges Merkmal sicher: Es liefert Arbeitnehmerinnen Argumentationshilfen bei Lohn- und Gehaltsverhandlungen.

Was können Frauen und Männer selbst tun, damit die Gehälter transparenter und auch gerechter werden? Sie müssten – wie selbstverständlich – anfangen über Gehälter zu reden und sich gegenseitig über die Höhe des Entgelts austauschen. Und die mittel- bis langfristigen Aussichten, gleichen Lohn für gleichwertige Arbeit zu erhalten stehen für Frauen gut. Schon in der Schule sind heute in der Regel junge Frauen erfolgreicher als Jungen und junge Männer.

Die Erwerbstätigkeit ist für junge Frauen heute genauso wichtig wie für junge Männer. Schon aus diesem Grund werden es die heutigen jungen Frauen nicht mehr lange hinnehmen, dass sie in der Arbeitswelt im Schnitt mit 21 Prozent weniger Lohn als die Männer deutlich benachteiligt sind.

18. Kapitel

Ich zahle nicht gute Löhne, weil ich viel Geld habe, sondern ich habe viel Geld, weil ich gute Löhne bezahle.

Robert Bosch
(1861 - 1942)

Überlegungen zu einer gerechten Eigentumsverteilung oder Gleichstellung von Arbeit und Kapital

Kapital und Arbeit müssen den gleichen Wert haben: Diese Forderung ist eine mittlerweile für jeden leicht erkennbare Menschheitsaufgabe. Warum müssen neue Überlegungen für eine gerechte Einkommensverteilung her? Weil die sogenannte soziale Marktwirtschaft dazu geführt hat, dass die Schere zwischen arm und reich sich immer weiter öffnet. Wem das Beispiel mit der Schere nicht gefällt und man einen Vergleich aus der Kultur wünscht, dem wird die Einkommenspyramide empfohlen. Oben in der Spitze thronen wenige extrem Reiche und unten, flach und breit, drängeln sich unzählige arme Menschen.

Die von Müller-Armack als Soziale Marktwirtschaft definierte Wirtschaftsordnung war weder echt sozial noch war sie marktwirtschaftlich orientiert. In diesem System war stets das Kapital der dominante Faktor, weswegen manche von einem kapitalistischen Wirtschaftssystem sprechen. Wenn nur wenige Menschen nicht wissen, wohin mit ihrem vielen Geld und viele andere Menschen die Miete kaum bezahlen können, wenn also ein sehr kleiner Teil der Bevölkerung über den größten Teil des Volksvermögens verfügt, dann muss der Staat agieren und die Entwicklung zu mehr Gerechtigkeit hin lenken. Und was tut der Staat? Er bleibt passiv, obwohl er eine Reihe von Steuerungsmöglichkeiten hätte. Auch wenn alle Studierenden der Volkswirtschaftslehre lernen, dass es drei makro-ökonomische Produktionsfaktoren gibt – Arbeit, Boden und Kapital – dann interessiert das die Verfechter der sozialen Marktwirtschaft wenig. Dass das Kapital dabei mit Abstand vor den beiden anderen Faktoren dominiert und die Dysbalance verursacht, treibt Politiker nicht an.

Heute hört man oft die Behauptung, der Kapitalismus sei am Ende. Dem ist nicht im Entferntesten so, denn das Vermögen der Reichen und Super-Reichen wächst und die Zahl der in Armut lebenden Menschen auch. Man suche den Zusammenhang! Dass sich an dieser Entwicklung etwas ändern und Arbeit und Kapital in der Wertung gleichgesetzt würden, dafür gibt es keine erkennbaren Anzeichen. Das heute agierende politische Personal scheint sich lieber mit sich selbst zu beschäftigen als eine fundamentale Änderung der derzeitigen Einkommensverhältnisse herbeizuführen. Und so mag diese Streitschrift im letzten Kapitel einen Anstoß zu einer Korrektur im Wirtschaftssystem geben. Auch ist die Hoffnung damit verbunden, dass es in absehbarer Zeit demokratische Gruppierungen geben wird, die dem Produktionsfaktor Arbeit – also dem arbeitenden Menschen – eben so viel Gewicht beimessen wie dem Produktionsfaktor Kapital.

Will man vorhandene und lange Zeit festgefahrene Zustände ändern, dann muss das behutsam, geduldig, abgewogen, langfristig geschehen. Hier ginge es darum, dass Volkseinkommen gerechter verteilt wird zwischen den großen Kapitaleignern und den für sie tätigen Arbeitskräften. Eine perfekte Gerechtigkeit wird man nicht erreichen, aber es ist möglich, den materiellen Abstand zwischen der Entlohnung der arbeitenden Bevölkerung und dem immensen Reichtum der Vermögenden zu verringern.

Würden die Reichen in Deutschland das Grundgesetz befolgen, in dem es in Artikel 14 heißt: „Eigentum verpflichtet", dann gäbe es keine astronomisch hohen, materiellen Unterschiede im Einkommen zwischen den Bevölkerungsschichten. Gerne wird in diesem Zusammenhang auf ein deutsches Unternehmen verwiesen, bei dem zwei Aktionäre jährliche Dividenden in mehrstelligen Millionen Euro ausgeschüttet bekommen, ein Betrag, der zurückzuführen ist auf die Arbeitskraft von bis zu 132 000 MitarbeiterInnen. Die Angestellten verdienen im Durchschnitt 50 000 bis 60 000 Euro pro Jahr.

Nicht weniger unerträglich ist die Einkommensdifferenz zwischen Vorständen bei einzelnen Aktiengesellschaften und einem in der Verwaltung dieser Gesellschaften tätigen Angestellten. Erhält dieser im Durchschnitt maximal 60000 Euro brutto, dann verdient sein oberster Chef, der Vorstandsvorsitzende, mit etwa zehn Millionen Euro rund 170 Mal mehr. Welcher Arbeitskraft-Unterschied liegt hier zugrunde?

Gerechtere Einkommensverteilung: Ein erster Schritt könnte darin bestehen, die Unternehmensaktien in Arbeitnehmerhand zu überführen. Betroffen wären damit die rund 30 DAX-Unternehmen, 60 Unternehmen im M-DAX sowie 75 Unternehmen im S-DAX. Zuerst würden die im Depot der Unternehmen eigenen Aktien an die Belegschaft verteilt, zum Beispiel nach dem Schlüssel der Zugehörigkeit zum Unternehmen. Danach würden die Aktionare und Kapitalsammelstellen, welche größere Aktienpakete halten, gebeten, ihren Wertpapierbestand nach und nach den Unternehmen zu verkaufen, zum jeweiligen Börsentageskurs. Auf diese Weise würden sie keinen Schaden nehmen.

Sollten solche Großaktionäre dieser Aufforderung nicht nachkommen – weil sie womöglich den Zugang zum Grundgesetz Art. 14 partout nicht finden wollen – müssten geeignete Maßnahmen getroffen werden, um die Aktienrückgabe an die Unternehmen doch zu erreichen. Art. 14, Abs. 2 der Verfassung lautet: „Eigentum verpflichtet. Sein Gebrauch soll zugleich dem Wohle der Allgemeinheit dienen" und Abs. 3 regelt: „Eine Enteignung ist nur zum Wohle der Allgemeinheit zulässig". Und schließlich greift auch Art. 15 der Verfassung: „Grund und Boden, Naturschätze und Produktionsmittel können zum Zwecke der Vergesellschaftung durch ein Gesetz, das Art und Ausmaß der

Entschädigung regelt, in Gemeineigentum oder in andere Formen der Gemeinwirtschaft überführt werden".

Die gleiche Vorgehensweise wie für Großaktionäre müsste auch für kleinere Aktienhalter gelten, und zwar so lange, bis die Gesamtheit aller Aktien im Unternehmen zurück wäre. Es geht letztlich um den Rückkauf eigener Aktien, eine Methode, die auch anderweitig nicht selten angewandt wird, wenn einer Aktiengesellschaft eine sogenannte feindliche Übernahme droht. In solchen Fällen kauft das Unternehmen schnellstens eigene Aktien über die Börse zurück, sei es um eine Sperrminorität oder gar eine Aktienmehrheit in fremder Hand zu verhindern. Selbstverständlich müssten Unternehmen eigene Aktien nur in dem Umfang zurückkaufen, den die Ertragskraft des Unternehmens erlaubt.

Um allzu große Lohn- und Gehaltsverwerfungen zu verhindern, wäre es zweckmäßig, das Gehalt der Vorstände in Aktiengesellschaften zu deckeln. Eine Gehaltsobergrenze von 500 000 Euro pro Jahr dürfte vertretbar sein. Diese Größenordnung zeigt, dass das Jahresgehalt eines Vorstandsmitglieds immerhin noch etwa zehnmal größer wäre als das eines Angestellten und rund siebzehnmal so wie das eines Industriearbeiters. Für staatliche und kommunaleigene Institute wie etwa die Städtischen Sparkassen müsste für die Vergemeinschaftung eine Sonderregelung getroffen werden. Da viele Städtische Sparkassen ohnehin kaum Gewinnanteile an die Kommunen abführen, dürfte es nicht schwierig sein, die Gewinne nach Steuern an die Mitarbeiter der Geldinstitute zu verteilen. Für die breite Masse der mittelständischen Unternehmen könnten relativ einfache Gewinnverteilungsmechanismen gefunden werden, wie zum Beispiel zehn Prozent des Gewinns für die Kapitaleigner und 90 Prozent des Gewinns für die Mitarbeiter.

Begriffe wie Mindestlohn und Praktikantenvergütung hätten in einer gerechten Einkommensverteilung keinen Platz. Das „Praktikantenunwesen" bedeutet, junge und fähige Arbeitskräfte weit unter Wert oder überhaupt nicht zu bezahlen. Da viele Ausbildungsberufe ein Praktikum verlangen, wird diese Situation von Arbeitgebern weidlich ausgenutzt. Der Mindestlohn wird in Deutschland immer noch unterlaufen. Das könnte man dringend aus der Welt schaffen. Alle diese Denkanstöße erheben nicht den Anspruch, der Weisheit letzter Schluss zu sein.

Um die nicht mehr im Arbeitsprozess Eingegliederten auch im Sinn einer Umverteilung des Volkseinkommens zu erreichen – betroffen sind hier die Arbeitslosen, Transferleistungsempfänger, Rentner und andere – müsste das Rentensystem dringend reformiert werden. Kernstück einer Reform wäre, dass alle Berufstätigen in die Rentensysteme einzahlten: Arbeiter, Angestellte, selbstständige Unternehmer und auch alle Beamten. Es ist skandalös, dass Beamte nicht nur einen sicheren Arbeitsplatz auf Lebenszeit haben, sondern darüber hinaus auch keine Beiträge für ihre späteren Pensionen leisten müssen. Die Forderung nach einer Reform des Beamtensystems im öffentlichen Dienst ist nicht neu und wird häufig in Kurzform so zusammengefasst: Außer bei Polizei / Feuerwehr und Justiz braucht ein Staat keine Beamten. Man sagt, der Bund träfe bislang keine finanzielle Vorsorge für die künftig zu leistenden Beamtenpensionen. Im Extremfall (nachlassende Konjunktur, Pandemie) müssen SteuerzahlerInnen – die schon zur Hälfte für die eigene Rentenvorsorge herangezogen werden – auch noch über eine Steuererhöhung für die Beamtenpensionen aufkommen.

Jetzt wieder zurück zu einer besseren Einkommensverteilung. Die Forderung nach einer gerechten Verteilung des Volkseinkommens ist – wie gezeigt – theoretisch verständlich, begründbar und als Menschheitsaufgabe erkennbar. Dass sich die Kluft zwischen Arm und Reich nicht noch weiter vertiefe und verständliche, womöglich nicht kontrollierbare gewalttätige Unruhen verursache, das alleine rechtfertigt schon ein Engagement. Vorauszusehen: Auch die praktische Durchsetzung, verbunden mit dem Ziel, eine neue Einkommens- und Sozialordnung zu schaffen, würde nicht widerstandlos geschehen.

Sogenannte Volksparteien stehen hinter der Kapitalseite, weil sie mit regelmäßigen, beachtlichen Parteispenden rechnen können. Dass diese Volksparteien im Begriff der Auflösung sind, dürfte die erhoffte Entwicklung auf eine gerechte Verteilung des Volkseinkommens erleichtern und beschleunigen. Heftige Widerstände wären mit Sicherheit von den Arbeitgeberverbänden zu erwarten, deren Hauptaufgabe es ist, die von ihnen vertretenen Unternehmen im alten Zustand zu erhalten. Selbst Arbeitnehmerverbände würden vielleicht erklären, dass Belegschaften vor „radikalen" Veränderungen geschützt werden müssten, da andernfalls der Verlust von Arbeitsplätzen drohe.

Von wo ist dann Hoffnung auf Veränderung zu erwarten? Der Verfasser dieser Schrift setzt auf junge Leute, die sich zum Beispiel beim Klimaschutz für die Gesellschaft engagieren und die verstanden haben, dass man Widerstände überwinden muss, um Neues zu schaffen; getreu dem Motto: Der Mensch ist wichtiger als der Profit in Händen einiger weniger Superreichen, die nicht im Geringsten bereit sind zu teilen.

19. Kapitel

Es ist sehr ratsam, jeder Übertreibung auszuweichen, weil naturgemäß eine Abspannung folgen muss, die ein unangenehmes Gefühl nachlässt. Es gibt aber Leute, die aus der Überspannung nicht herauskommen.

Joseph Stanislaus Zauper
(1784 - 1850)
Schriftsteller und Lehrer

Gigantomanie deutscher Großunternehmen und die fatalen Folgen für Steuerzahler

Die Definition des Wortes Gigantomanie lässt sich aus dem Griechischen ableiten: „gigas" bedeutet groß und „mania" Wahnsinn. Es geht folglich um maßlose und riesige Übersteigerung. In der Antike bezeichnete man mit Gigantomanie monumentale bis überdimensionierte Bauten mit denen Herrscher ihre Macht demonstrierten und sicherten. Dazu einige Beispiele aus früheren Zeiten und von heute: Aus der Zeit der ägyptischen Pharaonen stammen die Pyramiden von Gizeh, ältestes Bauwerk der Menschheit. Die riesigen Säulen im Tempel von Karnak in Ägypten sind ebenso ein Ausdruck von Gigantomanie. In der Überlieferung vom „Turm zu Babel" findet das Streben nach Höherem Ausdruck; nur gilt es, den bekannten Ausgang der Geschichte zu überdenken: Der Turm brach ein.

Einige Beispiele der Gigantomanie aus neuerer Zeit: Das höchste Gebäude der Welt, der Turm Burj Khalifa in Dubai, misst 828 Meter in der Höhe. Das Kreuzfahrtschiff „Oasis of the Seas", 362 Meter lang, fasst 5500 Passagiere. Der Airbus 380 steigt mit maximal 963 Personen in die Luft. Und im privaten Bereich sind die stark auf Leistung und Raum ausgelegten PKW, SUV (sports utility vehicles) genannt, zu erwähnen.

Wenn in der Überschrift dieses Kapitels die Rede von Gigantomanie deutscher Großunternehmen ist, dann sind ausschließlich Großkonzerne gemeint und nicht die vielen mittleren und kleinen Unternehmen, denen stabile Größe genügt. Übrigens: Das Folgende trifft auch für internationale Großkonzerne zu.

Es würde den Umfang des kleinen Büchleins sprengen, wollte man alle deutschen Großunternehmen im Hinblick auf Gigantomanie analysieren. Man könnte durchbuchstabieren: A wie Allianz, B wie Bayer, C wie Commerzbank, D wie Deutsche Bank, T wie TUI bis hin zu V wie Volkswagen. Die Entscheidung fiel zugunsten – oder besser gesagt – zu Lasten der Lufthansa AG, ein Unternehmen mit aktuell wenig wirtschaftlicher Strahlkraft: Abstieg aus dem DAX-30 Börsenindex am 22. Juni 2020 in die zweite Liga, dem M-DAX, bescheidener Börsenkurs von elf Euro (Stand März 2021) und einer Dividendenerwirtschaftung von null Euro.

Noch desolater kann man kaum wirtschaften. So viel aus der Sicht der Börse. Es dürfte kaum jemanden geben, der die Lufthansa AG – auch Kranich-Linie genannt – nicht kennt. Manche erzählen von „unserer Lufthansa". Auch wenn man über keine einzige Aktie verfügt: Bei einer Dividendenerwartung von null Prozent muss man nicht unbedingt Lufthansa-Aktionär sein.

Zur Größenordnung der Lufthansa AG: Die Lufthansa Group ist ein weltweit operierender Luftverkehrskonzern mit insgesamt mehr als 580 Tochterunternehmen und Beteiligungsgesellschaften. Die Flottengröße beträgt 763 Flugzeuge, von denen derzeit 100 auf einem Provinzflughafen in Spanien geparkt sind. Weitere Maschinen stehen am Flughafen Frankfurt Rhein Main herum. Der Umsatz betrug im Jahr 2019 36,42 Milliarden Euro; das Grundkapital wird mit 1.530.221.624,32 Euro angegeben. Anzahl der Mitarbeiter: 140.000. Größter Einzelaktionär ist die Bundesrepublik Deutschland mit 20,05 Prozent. Es ist schon hohe Kunst, mit diesen gigantischen Gesamtdaten eine Null-Dividende zu erwirtschaften.

Die drei Geschäftsfelder der Lufthansa AG:

- Network Airlines
- Eurowings
- Aviation Services, die Zusammenfassung von Logistik, Technik und Catering.

In den Cockpits der Lufthansa Group Airline arbeiten mehr als 10.000 Pilotinnen und Piloten, mehr als 4000 davon bei der Lufthansa. Durchschnittsgehalt 2020: 181.000 Euro im Jahr.

In den Sechzigern war die Lufthansa AG vollständig in staatlicher Hand und regelmäßig defizitär. Dann wurde sie 1997 privatisiert mit zuweilen bescheidenen positiven Jahresergebnissen. Begünstigt durch einen Riesenboom machte die Lufthansa bis 2019 für die Verhältnisse der Branche gute Gewinne, und in der Annahme, dass der Reiseverkehr ewig expandieren würde, kaufte die Lufthansa Airlines wie Eurowings, Sun Express, Swiss und Edelweiss, Brussels Airlines, Austrian Airlines. Zum Bestand der Lufthansa Group gehören dann noch die Lufthansa Cargo und LSG Sky Chefs (letztere kürzlich verkauft).

Diesem Konglomerat von Airlines sowie mehr als 580 Tochtergesellschaften und Beteiligungen steht seit sieben Jahren ein Wirtschaftsingenieur und gelernter Pilot vor, der alle vorgenannten Aufkäufe befürwortete. Ist er qualifiziert zur Führung eines Großkonzerns? Wäre ein Betriebs- oder Volkswirt mit juristischen Kenntnissen nicht kundiger? Jedoch: Der Aufsichtsrat wählte den Piloten Carsten Spohr zum Vorstandsvorsitzenden.

Weder Lufthansa-Vorstand noch Lufthansa-Aufsichtsrat waren sich bewusst, dass sich wirtschaftliche Entwicklungen – aus unterschiedlichen Gründen – sehr schnell ändern können. Mit Elan, Sorglosigkeit und Megalomanie strebten sie obiges Firmenkonglomerat an, um die größte Airline zu werden. Die einfache Lufthansa hätte eine Chance gehabt; als Lufthansa Group stürzte die aktuelle Pandemie den Konzern in die tiefste Krise seiner Geschichte. Man erinnere sich: Im Juni 2020 stand die Lufthansa nur wenige Tage vor der Insolvenz – nach hiesigem Recht anmeldepflichtig.

Etwa 500 Millionen Euro flossen jeden Monat an liquiden Mitteln ab, mit der Folge, dass die Lufthansa keinen Zugang zum Kapitalmarkt mehr hatte. Eine Rückkehr zum üblichen Flugverkehr war in weite Ferne gerückt, im Frühjahr 2020 jegliche Reisetätigkeit beinahe gestoppt. Die Corona-Krise verstärkte die negativen Effekte der Lufthansa-Gigantomanie. Und so rief man den Staat um Hilfe an.

Die Regierungsverantwortlichen holten flink das Zauberwort „systemisch" aus der Schublade. Früher waren schon einmal die Deutsche Bank AG und die Commerzbank AG systemisch (heißt: das Ganze betreffend). Nun wirkt in der Bundesrepublik Deutschland die soziale Marktwirtschaft als gültiges Wirtschaftssystem. Darin ist nicht vorgesehen, dass ein Unternehmen bei drohender Pleite um staatliche Hilfe nachsucht.

Ist ein Unternehmen überschuldet wie die Lufthansa AG, dann greift das Konkursrecht mit der Pflicht, Insolvenz anzumelden. Anders hier: Der Staat schritt sofort ein und verschaffte der Fluglinie den riesigen Betrag von neun Milliarden Euro. Falsch, es war nicht der Staat, der diese astronomisch hohe Geldsumme bereitstellte. Es begleichen die **SteuerzahlerInnen die Rechnung!** Die erwähnte soziale Marktwirtschaft sieht nicht vor, dass in einer Krise Schulden von Großkonzernen vergesellschaftet, Gewinne aber privatisiert werden.

Die Lufthansa AG wird nie die neun Milliarden zurückzahlen können. Vielmehr steht zu befürchten, dass das Unternehmen in absehbarer Zeit weitere Staatshilfen fordern wird. Selbst im dritten noch halbwegs ordentlichen Quartal 2020 machte die

Lufthansa Group einen Verlust von fast zwei Milliarden Euro und in den ersten neun Monaten 2020 erhöhte sich der Verlust auf 5,5 Milliarden Euro. Hinzu kommt, dass die Lufthansa beschlossen hat, bis 2022 keinen der 5.000 Piloten zu entlassen.

Der Lufthansa-Vorstand hat immer noch nicht verstanden, dass das Unternehmen dringend verschlankt werden müsste. Die hohen Gehälter, die geschilderten komplexen Strukturen sowie eine aufgeblähte Verwaltung waren nur zu finanzieren, weil die florierende Wirtschaft MitarbeiterInnen vieler Unternehmen teure Flugreisen weltweit bezahlte. Mittlerweile hat aber die Industrie festgestellt, dass Online-Konferenzen kostspielige Auslandsreisen überflüssig machen.

Nur einer träumt schon wieder gigantomanisch und von einer Zeit nach der Pandemie. Vorstandsvorsitzender Carsten Spohr: „Es bleibt unser Anspruch, auch nach der Krise weiter die Nummer eins unter den Airline-Gruppen in Europa zu sein." Ein führender Strategieberater der Luftfahrtbranche, Gerd Pontius, hält entgegen: „Das Staatsgeld senkt den Leidensdruck und damit die Bereitschaft, schmerzhafte Veränderungen zu akzeptieren und anzugehen."

Die Lufthansa-Führung wäre auch gut beraten, die Warnung des Weltverbands, die International Air Transport Association (IATA) – hier ist Carsten Spohr im Aufsichtsrat – zur Kenntnis zu nehmen. Der Weltverband der Fluggesellschaften veröffentlichte Anfang 2021 ein Szenario, wonach die Flugreisenachfrage für das Jahr 2021 lediglich etwa 35 Prozent des Vorkrisenniveaus von 2020 erreichen wird. Laut IATA ist der Weltluftverkehr im Jahr 2020 um 66 Prozent eingebrochen, Laut IATA-Chefökonom Brian Pearce ist der internationale Verkehr „nichts anderes als ein Desaster."

Niemand hat etwas gegen weltweite Verbundenheit. Ständiges Fliegen jedoch dürfte unterbleiben, weil Geschäftskonferenzen mittlerweile per Video geführt werden können. Und so könnte sich „unsere Lufthansa" zukunftsfähig neu erfinden.

Die Gigantomanie der Lufthansa wäre nicht annähernd vollständig beleuchtet, würde man nicht auch den Reisekonzern

TUI AG einbeziehen, sind doch beide Firmen eng miteinander verflochten. Der niedersächsische Reiseveranstalter hält sich für den größten seiner Branche. Doch die Realität sieht anders aus. Man findet ihn weder im DAX-30 noch im M-DAX. Die TUI AG ist auch nicht im noch kleineren S-DAX gelistet. Sie dümpelt bei „Weitere Aktien" – also unter ferner liefen – mit einem Aktienkurs von 3,71 Euro (Stand März 2021) und einer Dividendenerwirtschaftung von null Prozent. Als die Insolvenz schon Einzug ins Unternehmen hielt, wurde der Ruf nach dem Staat laut, und innerhalb eines Tages stimmten Bafin, EU-Kommission und die Aktionäre dem dritten Hilfspaket zu. Da die Bafin dem Bundesfinanzministerium untersteht, hat die Bundesregierung einen Betrag von 4,6 Milliarden Euro, vorbei am Parlament, genehmigt. Dieser Betrag – zum Vergleich – ist höher als der gesamte Jahresetat des Bundesumweltministeriums. An dieser Stelle darf nicht unerwähnt bleiben, dass der Staat (also wieder die SteuerzahlerInnen) den Konzernmitarbeitern Kurzarbeitergeld gewährt und die TUI-AG mit Hilfsmaßnahmen für einzelne Sparten unterstützt. Auf solch ein Unternehmen mit Gehältern aus Steuergeldern und wenig Durchblick kann gerne verzichtet werden. Auch für die TUI gilt: Die Menschen müssten wieder buchen und fliegen. Das fällt für längere Zeit aus und so ist die nächste Insolvenz vorprogrammiert. Sollte dann der Konzern nicht überleben, ist das Geld der SteuerzahlerInnen verloren. Ein trauriges Kapitel.

Tut auch mal gut: Die Welt staunt (und lacht) über deutsche Ineffizienz. Die Giganten Lufthansa und TUI sind wesentlich dafür verantwortlich.

20. Kapitel

Am Anfang war das Produkt; dann erfand der Mensch die Qualität, und erst nach einer gewissen Zeit wurde dem Menschen bewusst, dass dem Qualitätsprodukt das Gütesiegel fehlt.

*Daniel Mühlemann (*1959)*
Aphoristiker, Übersetzer, Naturfotograf

Es war einmal eine Industrienation, die mit dem Gütesiegel „Made in Germany" weltweit Beachtung fand

Viele Märchen beginnen mit dem Einleitungssatz „Es war einmal..." und „als das Wünschen noch half". Zum Ende herrscht im Königreich dann eitel Freude. Heutige Geschichten dagegen münden im Desaster. Als ich mich anschickte, das letzte Kapitel dieses Buches zu planen und zu überlegen, was in der deutschen Wirtschaft derzeit dringend einer Revision bedarf, stieß ich auf den Markenbegriff „Made in Germany".

Da dieses Markenzeichen selten thematisiert noch in Frage gestellt wurde, nahm ich der Einfachheit halber an, dass deutsche Unternehmen ihre Exportprodukte mit einem Aufkleber versehen, der mit dem Hinweis „ Made in Germany" die Qualität unterstreichen sollte. Wenn LeserInnen jetzt der gleichen Meinung wie der Autor waren, dann müssen wir gemeinsam von dieser Fehlannahme Abschied nehmen, denn die Bezeichnung hat einen anderen Ursprung.

Made in Germany: Wurde ursprünglich Ende des 19. Jahrhunderts vor genau 134 Jahren in Großbritannien als Schutz vor billiger Importware aus Deutschland eingeführt. Wie kam es dazu? Schmiedebetriebe aus Solingen prägten auf ihre Industrieprodukte wie Scheren, Feilen, Sägen oder Messer den Schriftzug „Sheffield Made" und exportierten sie dann nach Großbritannien. An der Stelle gilt es darauf hinzuweisen, dass Stahlwaren aus Sheffield gegen Ende des 19. Jahrhunderts als die weltweit besten galten und entsprechend hochpreisig verkauft wurden. Die Solinger Plagiate waren einfacher gefertigt; statt Gussstahl verwendete man nur Gusseisen, was es ermöglichte, die Industrieprodukte billiger anzupreisen. Wir bezeichnen ein solches Verhalten heute als klassischen Fall von Produktpiraterie. Womit die Solinger Schmiedebetriebe nicht gerechnet hatten: Nach einer kurzen Phase der Plagiate richtete die britische Stahlindustrie einen Hilferuf an die Regierung in London, und am 23. August 1887 reagierte das Parlament mit dem „Merchandise Marks Act". Produkte aus Deutschland mussten mit dem Schriftzug „Made in Germany" versehen sein, sonst durften sie nicht mehr in Großbritannien eingeführt werden.

Und wieder Unverhofftes: Nachdem die Qualität deutscher Industrieprodukte immer besser wurde, war das Made in Germany-Siegel kein Stigma mehr, sondern es entwickelte sich zu einer Auszeichnung. Die 1887 eingeführte und negativ gedachte Warenkennzeichnung hatte also das Gegenteil bewirkt und sich in den folgenden Jahren international als Gütesiegel durchgesetzt. Nach dem Zweiten Weltkrieg wurde Made in Germany zu einem Synonym für das deutsche Wirtschaftswunder. Deutschland wuchs dank dieser ungewollten britischen Hilfe zum Exportweltmeister und wurde weltweit für

Qualität geschätzt. Der Vollständigkeit halber muss ergänzt werden, dass vor Einführung des Made in Germany Deutschland schon mit traditionsreichen Handwerksprodukten punkten konnte: Mit Musikinstrumenten, mit Holzspielzeug aus dem Erzgebirge oder mit Kuckucksuhren aus dem Schwarzwald.

Und wie sieht es heute mit dem Markenbegriff Made in Germany aus? Derzeit können Produkte sogar noch mit Made in Germany gekennzeichnet werden, wenn sie zu über 90 Prozent im Ausland gefertigt wurden, solange nur die Endmontage in Deutschland erfolgt. Und wer kontrolliert, ob wenigstens diese Mindestanforderung eingehalten wird? Es gibt in der Bundesrepublik Deutschland keine Prüfungsinstanz, die für die Einhaltung der Mindestanforderung des Gütesiegels Made in Germany zuständig wäre. Konkret bedeutet das: Die deutsche Industrie hat Narrenfreiheit.

Die Abwertung des Gütesiegels ist im Verlauf schnell skizziert. Die hohen Arbeitskosten in Deutschland standen vor Jahrzehnten der Profitgier deutscher Unternehmen im Weg. Die Arbeitskosten, die bei der Produktionsverlagerung ins Ausland häufig als einziges Kriterium bedacht wurden, führten dazu, dass deutsche Unternehmen erst technische Bauteile fertigen ließen, dic dann nach Deutschland gebracht und hier zusammengeführt wurden. Später errichteten deutsche Konzerne Produktionsstätten in China, Indien, Osteuropa und in anderen Ländern. Die negativen Folgen für den deutschen Arbeitsmarkt waren dabei egal. Es zählte der Profit.

Doch manchmal ändern sich die Dinge auch in der Wirtschaft sehr schnell. Jetzt ist es die Covid-Pandemie 2020, die dazu führt, dass der bis dato funktionierende Güterstrom von Fernost nach Deutschland – und Europa – unterbrochen wurde. Zum Beispiel können wegen fehlender Teile aus China viel weniger Autos montiert werden. Ein wirtschaftliches Desaster bahnt sich an. So gibt es erste Überlegungen für eine Rückführung der Produktion aus dem Ausland. Man nennt diese Rückführung auch „Back-Reshoring". Nach Jahren der Auslandsverlagerungen vollziehen europäische Unternehmen die Kehrtwende. Sie holen die Produktion in die Heimat zurück oder ins nahe gelegene Ausland. Das heißt dann „Near-Reshoring".

Betroffen von Rückführung sind vor allem Produktionsstätten in China. Es gibt eine Reihe von Gründen, die Fertigung wieder nach Deutschland und Europa zurück zu verlegen.

• Es waren die die hohen Arbeitskosten, die deutsche Unternehmen veranlassten, im Ausland zu arbeiten. Doch dieses Kriterium tritt in den Hintergrund, da auch in China die Arbeitskosten bis zu 15 Prozent im Jahr ansteigen.

• Die örtliche Nähe der Fertigungsstätten ermöglicht Qualitätskontrolle und zudem einen besseren und schnelleren Austausch zwischen Fertigungs- und Entwicklungsabteilungen.

• Dass die Lieferzeiten kürzer werden versteht sich von selbst.

• Bei Reklamationen ist der Kundendienst schneller zur Stelle.

• Arbeitsplätze bleiben erhalten.

• Die technische Entwicklung, besonders die Automatisierung, ermöglicht die Rückführung, auch in Länder mit hohen Arbeitskosten.

• Die Produktionsrückführung bedeutet aber keineswegs immer, dass ehemalige Produktionsanlagen wieder in Betrieb genommen oder neue Anlagen gebaut werden. Nicht selten wird die zurückgeführte Produktion inländischen Zulieferfirmen übertragen; etwa an zahlreiche Zulieferbetriebe in der Automobilindustrie.

• Aus Sicht der Pharmaindustrie ist anzumerken, dass erhebliche Teile der Arzneimittelproduktion nach Asien gewandert sind, insbesondere nach Indien und China. Hier würde eine Rückverlagerung nach Europa schwierig. Man müsste auf mehrere Pharmahersteller und Produktionsstätten verteilen. Eine Aufgabe für die Europäische Union (EU)?

Ob und wie Produktionsrückführungen mit dem Einverständnis von Indien oder China gelingen würden hängt in erster Linie von den an der Rückführung beteiligten Ländern ab. Das bedürfte einer konsequenten Haltung. China hegt die wirtschaftliche Strategie, bis 2025 in zehn Zukunftsbranchen weltweit marktführend zu werden. Dazu kauft China deutsche Mittelstandsbetriebe im großen Stil ein. Der Masterplan der Chinesen: Keine eigenen Unternehmen gründen, sondern weltweit die besten Unternehmen und die erfolgreichsten Technologien aufkaufen. Das geht effizient und schnell. China plant langfristig. Weder Europa noch seine Länder arbeiten an einer in die Zukunft gerichteten Strategie. Und so sind viele deutsche Unternehmen ein gefundenes Fressen für den hungrigen Drachen aus China.

Obwohl die Geschichte lehrt, dass sie in der Regel nichts lehrt, hier ein optimistischer Ausblick. Es ist die Profitgier, die zur Auslagerung von hiesiger Produktion nach Fernost, Osteuropa und andere europäische Länder führt(e). Deutsche Unternehmen sind noch immer nicht vertraut mit dem Wort Profit: Abgeleitet aus dem lateinischen „profectus" steht es für „Zunahme, Vorteil und Fortgang". Generell kennzeichnet die Profitgier ein hemmungsloses Streben nach Gewinn und Geld. Sie gehört zu den problematischen Konsequenzen des Kapitalismus. Der Kapitalismus wiederum ist die Wirtschaftsform, welche die Profitgier erzwingt; Menschen arbeiten für mehr als sie bräuchten. Langfristig muss die kapitalistische Wirtschaftsordnung überwunden werden. Denn eine Ordnung, die darauf ausgerichtet ist, ständiges materielles Wachstum zu generieren und die Menschen immer weiter antreibt, ist unmenschlich.

Schlussbemerkungen

Die Fertigstellung dieses Buches fällt zusammen mit der Corona-Krise, auch Covid-19 Pandemie genannt. Die löste zweierlei aus: Einmal die Gefährdung der Gesundheit von Millionen von Menschen weltweit und die damit verbundenen enormen Einschränkungen. Dazu die unvorhersehbaren negativen Auswirkungen auf den Wirtschaftsverlauf 2020 und Jahre danach. Die Bundesregierung versucht, insbesondere mit Krediten, eine gigantische Rezession abzumildern. Weder in der Neuzeit noch in Zeiten davor hat es einen so starken Konjunkturrückgang gegeben. Die Regierung wird diesen wirtschaftlichen Niedergang nicht aufhalten können. Tausende von Unternehmen haben bereits – oder werden noch – ihre Aktivität einstellen und einige Millionen von Arbeitnehmern werden ihren Arbeitsplatz verlieren. Ein signifikanter Rückgang der Steuereinnahmen wird die wirtschaftliche Situation noch verschlechtern.

Die von der Bundesregierung in Aussicht gestellten Finanzhilfen in Billionenhöhe sind vertretbar, falls die Finanzierung solide erfolgt.

Wer diesen hohen Schuldenberg (ab-)trägt? Der SPD-Finanzminister macht dazu keine Aussage, ebenso wenig wie der CDU-Wirtschaftsminister. Seriöses Finanzgebaren müsste aufzeigen, wie Schulden wieder getilgt werden. Will die Regierung Steuererhöhungen vermeiden, muss sie ausweichen, denn Steuererhöhungen wären ein Brandbeschleuniger für einen noch stärkeren Niedergang der Konjunktur.

Hier vier Möglichkeiten, die unterschiedlich schnell Finanzmittel verfügbar machen würden.

1. Drastische Einsparungen in einem Nachtragshaushalt bei allen Ministerien und Aufschiebung von öffentlichen Investitionen mindestens für den Zeitraum von drei Jahren. Damit wäre am schnellsten finanzielle Liquidität zu beschaffen.

2. Die Finanzbehörden müssten die Cum-ex Betrügereien effizient verfolgen. Zur Erinnerung: Bei den Cum-ex Geschäften ließen sich die Kapitalanleger die einmal gezahlte Kapital-

ertragssteuer auf Aktiendividenden mit Hilfe von Banken mehrfach erstatten. Dazu verschoben sie um den Stichtag der Dividendenzahlung herum untereinander Aktien mit – also cum und ohne ex – Dividendenanspruch. Banken haben dreist versucht, diesen Betrug als legale Praxis hinzustellen. Es gibt keine Rechtsgrundlage oder gar einen legalen Betrug. Der Staat hat bei diesen betrügerischen Geschäften rund zehn Milliarden Euro verloren. Seit September 2019 sind die Cum ex-Geschäfte Gegenstand zahlreicher staatsanwaltschaftlicher Ermittlungsverfahren. Bei konsequenter Strafverfolgung dürfte es möglich sein, dass ein zweistelliger Milliardenbetrag – inklusive der Strafzahlungen – wieder an den Staat zurückfließen würde. Erste Rückflüsse gibt es bereits. Die Hypo-Vereinsbank, die Landesbank Baden-Württemberg und die HSH-Nordbank zahlten bereits insgesamt 500 Millionen Euro.

3. Rückführung der in Steueroasen verschobenen und in Deutschland nicht versteuerten Unternehmensgewinne: Die Forderung der Lufthansa AG nach staatlicher Hilfe in Höhe von bis zu zehn Milliarden Euro in Folge der Corona-Krise hat die Süddeutsche Zeitung (SZ) in einem Artikel im Wirtschaftsteil vom 2./3. Mai 2020 offensichtlich veranlasst, die Steuertricks großer deutscher Unternehmen mit ihren Geldflüssen von und zu Tochterfirmen in Niedrigsteuerländern (Steueroasen) zu untersuchen. Alle 30 (oder mehr) Unternehmen, die im Deutschen Aktienindex Dax aufgelistet sind und zu den Großunternehmen gehören, sind mit Tochtergesellschaften in Niedrigsteuerländern vertreten. Diese Dax-Unternehmen stehen entweder auf einer schwarzen Liste der Europäischen Union (EU) oder sind von der Corporate Tax Haven Justice Network (CTH) als Steueroasen eingestuft. Im Geschäftsbericht 2018 und 2019, Bundesanzeiger, Bundestagsfraktion „Die Linke“, ist die Lufthansa auf der EU-Liste mit drei und auf der Corporate Tax Haven, einer Nichtregierungsorganisation, mit 38 Tochtergesellschaften vertreten. Den Rekord an Präsenz in Steueroasen belegt mit Abstand die Deutsche Bank AG; sie hat 47 Tochterunternehmen laut EU, die mit einer Ausnahme alle auf den Kaiman-Inseln angesiedelt sind, und 111 Tochterunternehmen laut CTH.

Eine keineswegs vollständige Auflistung von bei deutschen Firmen beliebten Steueroasen: Panama, Bermuda, Singapur, Hongkong, Kaiman-Inseln, Guam, Oman, Palau, Samoa Trinidad und Tobago. Und in Europa: Schweiz, Luxemburg, Niederlande und Jersey. Es besteht dringender Bedarf, diese Gewinnverschiebungen in Steueroasen zu verbieten. Bisher angelegte Gewinne könnten nach Deutschland zurückgeführt und nach deutschen Steuergesetzen nachbesteuert werden – zur Finanzierung der Corona-Staatshilfen. Wer in Steueroasen agiert, der erhält keine Staatshilfen! So haben es Österreich, Frankreich, Dänemark, Polen und Kanada angekündigt. Man könnte sich anschließen. Keine Staatshilfe für die Lufthansa AG oder andere Unternehmen, die Tochtergesellschaften in Steuerparadiesen unterhalten! Die SPD, die Grünen und Die Linke fordern das bereits vehement.

4. Reform der Rentenversicherung – um Wiederholungen zu vermeiden: Wenn alle Beschäftigten in Deutschland – ohne Ausnahme – in die Rentensysteme einzahlen, entstünden Überschüsse, die ebenfalls zur Finanzierung der staatlichen Corona-Finanzhilfen beitragen könnten.

Danksagung

Ohne die Mitwirkung meiner Frau Regina würde das kleine Buch so nicht entstanden sein. Kundig hat sie umständliche Sätze ausgesiebt – mit Kommentaren wie: „Das sagt doch heute kein Mensch mehr! Das kann man so nicht schreiben!" Holprigen Schachtelsätzen hat sie auf die Beine geholfen. Und auch vor sachlichen und sprachlichen Verwirrungen bewahrt.

Unser Sohn Victor hat sich für die gediegene grafische Darstellung des Covers und für das Layout große Verdienste erworben. Ein riesiges Dankeschön.

Unser Freund Bernhard Weiß, von seiner Vorbildung und seinem beruflichen Werdegang bestens geeignet, hat wertvolle Hinweise zum besseren Verständnis des Buches geliefert. Ihm gilt der besondere Dank des Autors.

Wenn jetzt immer noch Fehler oder Ungereimtheiten enthalten sein sollten, dann trifft das ausschließlich den Autor, der sich bei LeserInnen für Anregungen und Verbesserungsvorschläge bedankt.

Rudolf W. Fritz

Offenbach, Mai 2021